윾속리산록 遊俗離山錄

유속리산록 遊俗離山錄

유희령 著 | 김용남 譯

국학자료원

머리말

평소 산을 좋아하고 산행을 즐기다 보니 자연스레 유산록(遊山錄)에 관심이 갔다. 2002년 여름, 옛 선비들이 속리산을 유람하고 남긴 글을 몇 편 싸 들고 속리산 천왕봉 아래 상환암(上歡庵)을 찾았다. 그리고 법당 옆에 있는 방을 얻어 한 달 정도 그곳에서 지냈다. 저녁 공양을 마치면 방에 들어가 작품을 읽었고, 낮에는 작품 속 장소를 확인하고자 골짜기 구석구석 답사를 다녔다. 이것이 나와 속리산 유산록과의 인연의 시작이었다.

속리산 유산록 자료를 수집하고 번역을 하는 동안 몇 편의 논문을 학계에 발표하였다. 그리고 분에 넘치는 일인 줄 알면서도, 그중 여덟 작가의 아홉 작품을 번역하고 부록으로 논문 두 편을 합하여, 2009년 5월 『옛 선비들의 속리산기행』을 발간하였다. 그 후로도 서너 편의 논문을 더 발표하였다. 논문을 내놓기 전 작품 속 장소를 찾아 확인하고, 이를 통해 옛 문인과 만남을 즐기는 것은 또 다른 행복이었다. 이만하면 나도 속리산의 아름답고 고운 봉우리와 깊고 조용한 골짜기, 기이하고 견고한 천석(泉石)을 진정 아끼고 사랑하는 사람이라고 할 수 있지 않을까.

유희령(柳希齡, 1480~1552)은 조선전기의 문신으로 자(字)가 원로(元老)·자한(子罕)이고 호(號)는 몽암(夢菴)·몽와(夢窩)이며 본관은 진주(晉州)이다. 청주 문의(文義)에서 나고 자랐다. 견문이 넓고 도학이 고명하였으며 일찍이 시문학에 심취하였다. 오랜 세월 시문학에 대한 열정과 공력(功力)을 한국과 중국의 한시문선집(漢詩文選集)을 편찬하여 간행하는 일에 쏟았다. 한편 시문(詩文)에 대한 그의 탁월한 재능은 평소 활발한 창작으로 이어졌다. 나아가 속리산을 유람하며 기록한 시문(詩文)을 한 권의 책으로 엮어 발간하는 일을 통해 유감없이 발휘하였다.

유희령이 속리산을 유람한 것은 1511년(중종 6)이다. 그의 나이 32세로, 1501년 진사가 된 후 1516년 문과에 급제하기까지 꽤 오랜 기간 암자 등을 찾아 공부하던 때였다. 그가 속리산을 유람하게 된 동기는 산수 간에서 노닐며 득실(得失)을 잊고 싶었기 때문이다. 사람들은 가끔 바쁜 일상을 벗어나 고요하고 한가로움을 찾고 싶을 때 산에 오른다. 그 또한 공부의 속박으로부터 잠시 벗어나 여유를 갖고 즐길만한 곳으로 속리산을 택한 것이리라. 거기에 속리산은 기이하고 특이한 자취가 남쪽에서 으뜸이라는 점과 역대 군왕들의 수레가 머문 곳이라는 점도 직접 가서 보고 감상하는 바람을 갖게 하였다.

유희령은 1511년 2월 친구들과 속리산을 유람하기로 약속하였고, 그해 4월 박명손(朴命孫)·우신언(禹愼言)·김성동(金聖童)과 유람을 결행하였다. 〈유속리산록(遊俗離山錄)〉은 그때 남긴 작품으로, 1511년 4월 17일부터 21일까지 4박 5일간의 속리산유람기다. 서문에 이어 유람의 준비·실행·총평 등 세 단계의 서술 방식을 취하였다. 본격적인 유람의 실행에서는 산행 날짜와 날씨를 적은 후 산행 중 보고 듣고 경험한 것에 대해 매우 소상히 기록하였다. 특히 유산기(遊山記) 사이사이 유산시(遊山詩)를 삽입하여 전체적으로 산문과 시가 어우러진 구성이다. 이중 유산기(遊山記)는 노정에 따라 보고 들은 것과 유람 과정에서 만난 사람들의 이야기를 매우 구체적으로 기술하였다. 특히 여러 암자를 탐방하며 얻은 많은 정보를 빼놓지 않고 기록하여, 속리산을 오르며 암자를 방문하려는 이들에게 매우 유익한 안내서가 되기에 충분하다. 거기에 24수의 유산시(遊山詩)는 유람의 흥취와 현장감을 더하였다. 이렇게 유산록을 작성한 지 14년 후인 1525년 4월, 한가한 틈을 타 초고를 수정하여 한 권의 책으로 발간하였다. 이때는 유희령이 구성군수(龜城郡守)로 있을 때이다.

유희령의 〈유속리산록(遊俗離山錄)〉은 『사한림집(四翰林集)』에 전한다. 『사한림집』은 1637년 유문통(柳文通)과 그의 장남 유인귀(柳仁貴) 및 막내아들 유인숙(柳仁淑), 그리고 손자 유희령의 시문 등을 모아 엮은 것이다. 네 사람 모두 문과에 급제하고 한원(翰苑)에 들어 세칭 '유문삼세사한림(柳門三世四翰林)'이라 칭송되었다. 번역의 저본(底本)은 초간본(목판본)을 영인한 것으로, 1980년에 간행한 『진주유씨문정공파세보(晉州柳氏文貞公派世譜)』에 수록된 『사한림집(四翰林集)』「몽암공편(夢菴公篇)」에 있는 〈유속리산록(遊俗離山錄)〉을 주 자료로 하였다. 아울러 1993년에 간행한 『진주유씨문헌총집(晉州柳氏文獻總輯)』에 수록된 필사본 〈유속리산록(遊俗離山錄)〉을 대조 참고하였다. 한편 번역 과정에서 연도 표기 등 오류가 분명한 것은 수정하였고, 필사본에만 있는 시 작품도 몇 편 추가하였다.

2020년 여름, 우연히 유희령의 〈유속리산록(遊俗離山錄)〉

을 만나 그해 9월 한 편의 논문을 발표하였다. 그 후 5년이 지났다. 당시 논문을 쓰면서도 차후 전편을 번역하여 한 권의 책으로 내고 싶다는 생각을 하였다. 왠지 그래야 할 것 같았다. 마침 올해가 유희령의 『유속리산록(遊俗離山錄)』 발간 500주년이 되는 해이다. 그러하기에 이번에도 분에 넘치는 일인 줄 알면서도 오역(誤譯)의 두려움을 감내하기로 하였다. 이렇게 발간의 부담을 떠안는 것으로, 그 옛날 임천(林泉)에 대한 노고를 꺼리지 않았던 유희령의 뜻에 조금이나마 보답하고 싶다.

2025년 9월
김용남

차 례

머리말   5

1부 유속리산록 번역문

유속리산록 병인   15

여름 4월 17일 병신(丙申), 맑음   19

18일 정유(丁酉), 흐림   26

19일 무술(戊戌), 아침에 비가 내리고 바람이 많이 붊   42

20일 기해(己亥), 맑음   48

21일 경자(庚子), 맑음   57

2부 유속리산록 원문

遊俗離山錄　並引　　　　　　　　　　　　65

夏四月十七日(丙申), 晴　　　　　　　　　67

十八日(丁酉), 陰　　　　　　　　　　　　73

十九日(戊戌), 朝灑雨多風　　　　　　　82

二十日(己亥), 晴　　　　　　　　　　　　85

二十一日(庚子), 晴　　　　　　　　　　89

3부 부록

柳希齡의「遊俗離山錄」고찰　　　　　96

1부
유속리산록 번역문

유속리산록 병인

지난 신미년(1511)에 자순(子順)과 함께 동천(洞天)을 유람하며 복천사(福泉寺)에서 자고 문장대(文藏臺)에 올랐다. 그윽하고 좋은 경치를 찾아 5일 동안 상하 백리(百里)를 다니며, 무릇 지나면서 듣고 본 것에 흥을 부치고 의탁한 바를 시로 읊었다. 비록 일시적인 작품으로 능히 공을 다하진 못하였으나 또한 가히 후일의 참고가 될 것이다. 주머니 속에 간직해 둔 수십 편이 거칠게 다니는 중에 이미 연기(年紀)를 넘겼다. 올해 봄에 구성군수(龜城郡守)로 부임하였는데 험한 인심에 괴롭고 더불어 마음에 맞는 사람이 없다. 돌아보면 신령스러운 봉우리의 경계에서 노닐던 것이 별처럼 흩어져 비록 거듭 옛 흔적을 찾고자 옷을 떨쳐도 산마루가 멀어 얻을 수 없으나, 어찌 미루어 생각하는 느낌에 와유(臥遊)의 흥을 일으키는 것이 없을까. 한가한 날 초고를 점검하여 별안간 졸렬한 글이 활자를 얻게 되었으니, 인쇄하게 하여 함께 유람한 제군들에게 나누어 부치련다.

가정(嘉靖) 4년(1525) 청화절(淸和節)에 원로(元老)가 서문을 쓰다.

정덕(正德) 신미년(1511) 봄 2월은 진사 박명손(朴命孫) 자순(子順)과 내가 모두 수사(秀士)를 논하는 대열에서 벗어나 있을 때인데, 자순(子順)이 급하게 장모상에 달려가는 나를 찾아와 보게 되었다. 함께 연산(燕山: 文義)에 이르러 사령운(謝靈運)의 아취(雅趣)를 사모하여 산수 간에서 노닐며 서로 득실(得失)의 지경을 잊고 싶었다. 속리산은 삼산(三山)을 진압하듯 기이하고 특이한 자취가 남쪽에서 으뜸이라 들었고, 일찍이 역대 군왕의 어가(御駕)가 머문 곳이라, 대개 가서 보고 감상하는 것이 평소의 바람이었는데, 우신언(禹愼言) 자인(子訒)이 듣고 박자를 맞추어 찬성할 줄 어찌 알았으랴.

자인(子訒)이 일선(一善: 善山)으로 가서 오래도록 돌아오지 않아 자순(子順)과 속리산행을 도모하니, 답하여 말하길, "이것은 나의 평소 뜻이었네. 감히 나중을 기약하랴"라고 하였다. 이때 자순(子順)은 고을 수령의 막내아들 김성동(金聖童)을 데리고 견불사(見佛寺)에서 글을 읽고 있었다. 김성동 역시 진사이고 자가 대이(大而)다.

출발하기로 약속한 날 또 진사 이석조(李碩祖) 덕옹(德翁), 진사 김필기(金弼基) 공양(公亮), 진사 신세언(辛世彦) 군미(君美)가 함께 가기로 약속하였고, 자인(子訒)도 일선(一善)에서 돌아왔다. 기약한 날이 왔는데 함께 가지 못하고, 홀로 자순(子順)과 대이(大而)가 관아로부터 묵현(墨峴)을 넘고, 나와 자인(子訒)은 대곡(代谷)으로부터 피령(皮嶺)을 넘어 회인현(懷仁縣)에서 만나기로 미리 약속하였다.

여름 4월 17일 병신(丙申), 맑음

    자인(子訒)이 박준형(朴俊亨)의 말을 빌리고 더불어 내가 각각 유산(遊山)을 준비하여 갖추어 장차 떠나려고 하는데, 덕옹(德翁)이 달려와 이르기를, "함께 가는 것이 쓸데없어도 피령(皮嶺) 아래서 나를 기다리시게"라고 하였다. 우리가 출발하여 수락암(水落巖)에 이르니 암석은 쪼개진 것 같고 시냇물은 쏟아지는데, 가는 무늬에 맑게 흘러 깔리고 돌 위에 구덩이가 생겨 맑고 맑은 것이 최고로 그윽하고 절묘하였다. 덕옹이 종복(從僕)에게 먼저 알려 말하길, "약속한 곳에서 조금 머물렀다 함께 가시게"라고 하였다. 드디어 자인과 더불어 안장을 풀고 풀에 웅크린 돌 위에서 맑은 냇물을 굽어보며 발을 씻고 푸른 벼랑을 쓸면서 시를 지었다.

수락암(水落巖)

맑은 시냇물이 돌에 쏟아져 소리 없이 미끄러운데
멋진 자취 먼저 차지하니 첫 번째 노정이라네.
소매로 푸른 이끼 털어내고 성명을 적으니
하늘을 찌르는 호기 우뚝하게 솟네.

장차 정오가 되었는데 덕옹(德翁)의 종복이 또 와서 덕옹이 오지 않았다고 하기에, 우리가 이에 피령을 넘었다. 피령은 돌고 돌아 아홉 번 꺾여 매우 높고 험하다.

덕옹을 나무라다(責德翁)

고달픈 인생 천지와 함께하니
세상일 삼처럼 번거롭다.
청정세계 있지 않으니
어찌 복잡하게 얽힌 것을 씻어낼까.
내 들으니 속리산은
부용꽃처럼 솟아 나왔다고.
신선이 사는 곳처럼 아득하고
아홉 봉우리 어우러져 드높다고 하지.
그대가 별안간 중지하면
자잘하고 쓸데없어 참으로 안타깝다네.
어찌 집 하나를 일삼아
스스로 우물 안 개구리가 되려 하는가.
멋진 약속 삭막해지면
승경 유람 자랑을 자네가 견디겠는가.
목을 빼고 기다려도 그대 오는 것은 더딘데
해는 기울고 길은 길고 멀구나.

피령(皮嶺)

잔도가 서로 얽혀 아홉 구비 서려
층층이 굽이굽이 위로 산을 감싸네.
구름 감춘 끊어진 비탈길은 늪에 검게 그늘지고
노을 비친 무너진 벼랑에 고목이 붉구나.
꾸불꾸불한 길 잠깐 밟아 험한 길 지나니
자라 등에 올라탄 듯 높고 차가운 기운 솟네.
낭랑히 읊으며 내려가니 바람이 겨드랑이에서 나오고
날개를 단 듯 몸이 시원하구나.

　피령을 넘어 시냇가에 이르러 버드나무 아래 그늘에서 풀을 헤치고 앉아 밥을 먹었다. 회인(懷仁) 관아를 지나 다리 아래 냇물에서 목욕하는 여인을 보았는데 태도가 섬세하였다. 비록 한고대(漢皐臺)에서 얻은 패옥(佩玉)을 풀지라도 낙포(洛浦)에서 먼지를 묻히는 것보다는 훨씬 낫겠지. 청루(靑樓)의 풍정(風情) 스스로 금할 수 없어 드디어 춘욕행(春浴行)을 지어 말 위의 기담(奇談)으로 삼는다.

춘욕행(春浴行), 악부를 본받아 짓다(效樂府)

봄볕 따뜻한데 고운 얼굴 예쁜 모습으로
천천히 흐르는 물 훔치며 희롱하네.
옥룡(玉龍)은 따뜻한 도화랑(桃花浪)을 꾸짖고

금물결은 유리잔에 일렁인다.
홍련(紅蓮) 한 송이 어여쁘게 기대었으니
구름 쫓는 비스듬한 비녀 엉기어 일어나지 않네.
부드러운 가슴 반쯤 담가 씻어 단장하고
연지 찍고 분 바르니 향이 바닥까지 가득하구나.
이왕에 물 튀겨 봄 적삼 주름졌으니
남녀가 만나는 양대(陽臺)의 노래로다.
누가 유랑(劉郎)의 금을 다 흩어
비단 병풍 깊이 두르고 원앙이 되어 잘꼬.

회인현(懷仁縣)

평생 뜻을 얻지 못해도 마음은 넓으니
인간사 뜻 아닌 것에 감히 참견하랴.
말 타고 달리니 창자가 끊어질 지경인데
갈매기와의 맹세 이미 저버리니 부끄럽구나.
아름다운 산 유람하자는 약속 함께 점검하여
좋은 벗과 나란히 따르는 것 즐거워라.
지금부터 뜻을 넓게 펴 세상을 볼 안목을 키워
곧장 티끌세상 잡고 쥐의 간을 보려고 하네.

　현의 동쪽 10리쯤 노변에 반송이 있는데 굽은 가지의 그늘 몇 이랑이 마치 푸른 용과 봉황이 꿈틀대며 날아오르는 것만 같다. 자순(子順)과 대이(大而)가 묵현(墨峴)으로부터 먼저 도착하여 그 아래에서 기다렸다.

반송(盤松)

계곡 아래 울창한 천년 소나무
오랜 뿌리 졸졸 흐르는 냇물에 씻기었네.
옥 같은 풍골 논하자면 오히려 바르고 곧음을 소중히 여기는데
어찌 늙고 쇠하여 구부러졌는가.
본래 정기 드넓음이 유독 너의 특징인데
울퉁불퉁 가지와 잎이 어찌 길게 늘어졌나.
무성한 먹빛 옷이 푸른 우산처럼 드리워지고
서리 맞아 벗겨진 껍질은 푸른 용처럼 서렸구나.
하늘로부터 얻은 곧은 마음 늙어도 변하지 않고
빙설을 막고 물리치며 겨울 석 달을 버티네.
인간 세상 동량재 못 되어
한평생 구부린 모습 되었나.
긴긴 세월 누워 풍상을 겪으니
산허리의 물결 소리 떠들썩하네.
뿌리에 호박(琥珀) 감추어 쌓아두고 아껴두니
진시황에게 바칠 것을 구하지 못하누나.
산도깨비 그루터기에 엎드려 컴컴함을 더하고
태음의 기운이 우뚝하니 뇌우가 무겁네.
늦도록 푸른 기운 어슴푸레 하니 푸른 골짜기 향기롭고
학 다리처럼 늘어진 가지에 소나무 꽃가루 짙구나.
훗날 만일 신선인 적송자(赤松子)를 따라 놀게되면
바라건대 기름을 채취하여 구름 낀 산속에 살고 싶네.

술을 따라 수차례 마신 후 나란히 말을 타고 갔다. 산등성

이와 산봉우리가 가려서 보이지 않고 산길은 비좁고 자갈밭은
황폐하며 궁벽한 시골은 황량하였다. 차의현(車衣峴)을 오르
니 석벽은 벗겨지고 산에는 소나무와 상수리나무가 거꾸로 자
라고 바위 골짜기가 그윽하고 깊었다.

차의현(車衣峴)

비스듬히 연이은 봉우리가 합하여 있고
우뚝 솟아 고갯길이 환하네.
거듭된 등성이는 두 읍에 서렸고
겹겹의 봉우리는 반공에 솟았구나.
괴이한 새는 숲 사이에서 울고
기이한 꽃은 절기 뒤에 붉네.
구산문(九山門)이 하늘 밖에 가까운데
저물녘 구름은 동쪽에 은은히 비친다.

고개를 넘어 폐원(廢院)에 이르러 길에서 청산태수(靑山太
守)의 행차를 만나 자순(子順)이 일산을 기울이고 말하였다.
땅거미에 보은현(報恩縣) 공관에 이르니 쓸쓸히 처마의 참새
가 보금자리를 다투고, 고을 수령은 다른 군에 승차(承差)되어
돌아오지 않았다. 편지를 써서 상사(上舍) 김광(金光)과 이광
조(李光祖)를 불렀는데, 광조(光祖) 또한 서원(西原)으로 돌아
갔다. 삼산루(三山樓)에 올라 난간에 기대어 보니 기름진 들이

두루 보이는데, 많은 논 두둑과 밭두둑엔 비단결 같은 석양이 반쯤 있고 저녁놀은 산에 잠겼다.

삼산루 현판의 시에 차운하다(三山樓次板上韻)

험한 고개 몇을 넘어
피곤한 채 누각에 오른다.
나그네의 뜻은 읊조리는 가운데 다하고
산빛은 난간 밖에 떠있네.
산수에서 흐트러진 머리카락 견뎌야지
속세의 번뇌를 어찌할까.
내일 구름 낀 산속에서
진정 방랑의 유람을 이루려네.

이날 저녁 관아의 남쪽에 있는 방에서 자는데, 이경(二更)에 태수가 옥천(沃川)으로부터 돌아왔다.

18일 정유(丁酉), 흐림

해가 다 뜨고서야 태수가 사람을 시켜 말하기를, "통금을 범해 달려가면 기운이 매우 조화롭지 못해 나가 보지 못했다"라고 하였다. 내가 이에 절구 한 수를 지어 올렸다.

힘들게 험한 것 겪으니 객정이 많은데
새는 출근함을 알리듯 오시에 관아 뜰에서 지저귀네.
태수가 잠을 즐기니 맑은 낮이 고요한데
한바탕 한가한 꿈에 남가(南柯)에 이르네.

술을 구해 마을의 안내하는 사람과 함께 장차 떠나려 하는데, 생원 김기문(金起文)이 자순(子順)을 보고 속리산의 으뜸 경관에 대해 말하며, "내가 황폐한 고을의 시인 묵객이 됨을 두려워하여 다 거두고 돌아간다면 나로 하여금 산이 빛을 잃을 것이네." 하고 드디어 물러갔다. 김기문은 보은의 향호(鄕豪)로 의술에 정밀한 자이다. 잠깐 김광(金光) 희실(希實)이 잇따라 와서 말하길, "요사이 한양 친구 윤상림(尹商霖)이 이끌어 복천사에 가서 3일을 머물다 돌아왔네. 산중의 초목이 빽빽이 우거지고 골짜기 물은 흐름이 끊어져 족히 볼 것이 없네"라고 하였다. 내가 자순과 함께 희실에게 함께 가자고 끌었으나 사양하며 말하길, "윤공(尹公)이 지금 서원의 큰 암자에 가 있는데 나와 더불어 글을 읽으며 약속을 하였네. 내 조치가 아니면 윤공이 편안히 내려가지 못할 것이네. 지금 그대들을 보고 그 이유를 말하니, 그대들과 함께 탐방하는 흥을 다하지 못하는 것이 한스럽네만 내일 마땅히 복귀해야 하네. 우리 집이 묘산(卯山)의 뒤에 있으니 돌아오는 때에 사람을 시켜 통지하면 가히 서로 볼 수 있을 것이네"라고 하였다. 우리가 "그러도록 하겠네" 하고 갔다.

현의 동쪽 5리 떨어진 곳에 산이 있고 주변에 옛 성이 둘러 있는데 오정산성(烏頂山城)이라 하니 곧 삼년산성(三年山城)이다. 쌓은 지 3년 만에 완성했기 때문에 그렇게 이름 지은 것이다. 석축이 쇠하여 지금은 반은 무너졌다. 옛날 왜란 때에 쌓았는데 성안에 우물 다섯 개가 있다. 고려 태조 11년(928)에 몸소 이 성을 치다가 이기지 못하고 드디어 청주로 거둥하였다. 묘산(卯山) 아래 군장동(軍藏洞)이 있는데 세상에서 전하기를, "태조가 군사를 주둔시킨 곳"이라 한다.

산성(山城)

멀리 옛 성이 산꼭대기 둘렀으니
지난 일 처량하여 나그네 슬프구나.
고려의 우둔한 자가 한 나라를 가볍게 보니
오산에 성가퀴 3년을 쌓았다네.
참담히 병란의 기운 얽혔음에 높이 꾸짖으며
거친 구덩이에 창망히 들 연기 가두었다.
지하의 영웅들에게 술을 따를 길 없어
석양에 성가퀴에서 머리 긁적이네.

한낮에 마현(馬峴)을 넘는데 고갯길에 넓고 엷은 돌이 깔린 것이 3, 4리 구불구불하였다. 전하길, "고려 때 일찍이 속리산을 행차하였는데 이때 닦은 어로(御路)"라고 한다. 삼청동(三淸洞)으로 들어가 말에서 내려 냇가에 앉았다. 시냇물은 맑고 차며 버들가지는 언덕을 덮었는데, 촘촘한 그물로 여종이 물고기 수십 마리를 얻었다. 점심을 먹은 후 검은 구름이 일어나더니 가랑비가 부슬부슬 내렸다. 이에 앞서 몇 개월 동안 비가 내리지 않아 천 리가 거북 등처럼 갈라졌다. 오늘 적셔주어 백성과 만물이 가히 소생하니 서로 더불어 경하하였다. 하늘이 그치지 않아 드디어 우장(雨裝)을 갖추고 앞으로 나아갔다.

산에 들어가며(入山)

복건 쓰고 지팡이 짚고 험한 곳 향하여
돌을 잡고 숲을 뚫으며 깊은 골짜기 사이를 가네.
말 없는 산신령은 속객을 싫어하겠지만
산빛은 걸음 맞으러 사립문을 나서네.

 삼청동은 옛날 도화(桃花)의 고을이 있고 팔교구요(八橋九遙)의 이름이 있다. 고승 함허당(涵虛堂) 신여(信如)의 시에 이르기를, "삼청동에 아홉 번 구부러짐이 있고, 한 줄기 시냇물 여덟 곳에 다리가 있네"가 이것이다. 산 양쪽의 언덕이 빙빙 둘러 넓어져 이쪽에서 저쪽을 바라다보면 멀고 멀어서 마치 땅이 끝인 것처럼 의심스럽다가, 거기까지 가서 바라보면 또 멀고 멀어서 이렇게 아홉 번 구부러지다가 비로소 법주사(法住寺)에 닿기에 이름을 '구요(九遙)'라 한다. '구요' 속에 한 줄기 물이 돌고 돌아 여덟 번 꺾여 둘렀는데, 매 구비 다리가 있어 '팔교(八橋)'라 하였으니, 도운(渡雲)·평승(平昇)·취영(翠暎)·연지(燕支)·개고(盖皋)·삽월(挿月)·병풍(屛風)이다. 옆의 물이 검고 푸르니 소위 병풍연(屛風淵)이다. 수정교(水晶橋)는 절 앞의 첫 번째 다리이다. 다리 위에 비각(飛閣)이 있어 사람들이 이 비각 속으로 다녔는데 지금은 비각은 무너지고 다리만 남아 있다.

수정교(水晶橋)

굽은 언덕에 긴 다리가 시내를 베개 삼아 누워있고
천지를 유행하는 사람의 그림자 거울 속에 있네.
기울어진 반달 빛은 못에 잠겨 있고
삼장목(三丈木)은 중간에 가로질러 무지개 비친 냇물을 마신다.
푸른 빛 거꾸로 잠겨 있고 나막신은 축축하여
쌀쌀한 기운에 불 곁에서 지팡이 짚고 헤매네.
맑고 차가운 물이 은근히 알리네
동화문(東華門) 다리 밑의 먼지를 씻을 수 있다고.

 길에서 한 스님을 만났는데 승복을 입고 바리때를 지고 오고 있었다. 자순(子順)이 살펴보니 석암사(石巖寺)의 성일(性一) 스님으로 장차 상산(商山: 尙州)을 유람하고자 하였다. 자순이 돌려 이끌어 삼청동으로부터 구불구불 30리를 갔다.

 법주사에 도착하니 절 문은 열한 개의 들보를 얽어 팔짱을 낀 것처럼 꾸몄고 좌우에 금강신(金剛神) 2구가 있다. 문에 편액이 있으니 '대법주사(大法住寺)'라 하였는데 신라 때 박은 것이다. 세상에 전하기를, "신라 법흥왕 때 승려 의신(義信)이 흰 나귀에 불경을 싣고 와서 이 절을 세웠다" 한다. 법흥왕은 신라 제23대 왕이다. 즉위 14년 정미(丁未: 527년)에 비로소 불법이 행하여 의신(義信)이 불경을 싣고 왔다. 옛 시에 이르기를, "불경을 실은 흰 말이 절에 오고, 스님이 적오(赤烏)의

해에 이르렀다(經來白馬寺, 僧到赤烏年)"라고 하였다. 대개 서방색(西方色)은 흰색이고 불법이 서역에서 이루어져 그런 까닭에 불경을 싣는데 흰 말과 흰 나귀를 쓰니, 반드시 이렇게 하지 않았다고 할 수 없는 것인가. 성덕왕(聖德王) 때 이르러 중수하니 법흥왕 때와 겨우 200여 년 차이다.

문 앞에 구리를 부어 만든 당간(幢竿)이 있는데, 모양이 몹시 높고 그 한 면에 '통화(統和) 24년(宋 眞宗 景德 三年 丙午)에 만들었다'고 새겨져 있다. 통화(統和)는 요(遼) 성종(聖宗: 名 隆緒)의 연호이다. 고려 성종(成宗) 13년(994년)에 거란(契丹)에 시행한 송(宋) 순화(淳化)를 폐하고, 통화(統和)가 곧 목종(穆宗) 즉위 9년에 이르니 통화(統和) 병오년(丙午年: 1006년)이다. 서쪽 모퉁이에 높은 바위가 있고 그 위에 탑이 있으니 나골탑(髁骨塔)이다. 속어로 백라폐탑(白髁斃塔)이라 하는데, 유골로 이 탑을 만들었다. 사문 안 3, 4보쯤에 5층 전각이 있는데 체제가 매우 기이하고 예스럽다. 중앙에 튼튼하고 높은 기둥이 상층으로 나와 있는데, 그 기둥 끝에 하나의 둥근 돌을 이고 있고, 쇠로 수레의 뒤턱나무처럼 만들어 쇠 창을 뚫으니 높이가 십여 척이다. 그 옆에 서까래로 집을 만들고 나무를 새겨 구름 쌓인 굴을 만들어 기둥을 둘러 불상을 벌려놓았으니, 올라가서 보고자 하는 자가 있다면 그 가운데로부터 기어 올라가 굴러서 위로 가면 상층으로 통한다. 자인(子訒)이 2층으로 올라갔는데 안이 어두워 멈추었다. 처마 모서리에 풍탁(風鐸)이 매달려 있는데 미풍이 닿으면 쟁쟁 그 소리가 반공에 있다. 오층은 마치 탑과 같아 그런 까닭에 또 목탑이라 한다. 층각(層閣)으로부터 서쪽에 전각이 있는데 넓고 화려하여 산호전(珊瑚殿)이라 부른다. 쇠로 부어 만든 미륵장육상(彌勒丈六像)이 있는데, 신라 때 옛 전각이 무너져 금신(金神)이 이슬을 맞은 지 여러 해였다. 그 후 얽어 중창하였는데, 비록 옛 모습에 미치지는 못하나 기초는 크고 웅장한 것이 더불어 짝할 것이 없다. 지난 신유년(辛酉年)에 지금의 주지 학령(學寧)이 중수하고 단청을 하여 선제(璇題)에 햇살이 비친다.

뜰앞에 돌로 만든 술 그릇[石罇]이 있다. 연을 심어 난간을 두른 그릇인데 지금은 깨져 쓰지 못한다. 또 장명등이 있는데 희문(凞文) 스님이 곡기를 끊고 향불을 올린다. 층각(層閣)으로부터 북쪽 왼쪽에 관음전이 있고 중앙에 약사전이 있다. 우측에 미륵전이 있는데, 미륵전에 금강신(金剛神)이 있다. 돌아서 동쪽 행랑으로 들어가면 벽에 '속리산천왕신상(俗離山天王神像)'과 함께 금빛 닭과 누런 소 그림이 걸려 있다. 그 신은 매년 10월 인일(寅日) 법주사에 내려오는데, 산중의 사람들이

음악을 베풀어 신을 맞아 제사를 지내면 40여 일을 머물다가 돌아간다. 탁상에 구리로 만든 말과 쇠로 만든 소가 있고 양과 돼지 10여 마리가 앞에 비스듬히 벌려 있다. 6, 7보 들어가면 중앙에 종각(鐘閣)이 우뚝 솟아 있다. 종각 위에 하나의 큰 종이 걸려 있어 아침저녁 깨우치는데, 북이 있고 목어(木魚)는 없다. 뜰 중앙에는 구리로 만든 장명등이 있다. 불전에 동상(銅像)이 있고 서쪽 벽에는 시왕의 탱화가 걸려 있는데, 지옥 도산도수(刀山釖樹)의 모습을 다 그리지 않은 것이다.

동쪽으로 나가면 시내인데 위에 쇠솥[鐵釜]·돌항아리[石甕]·석조(石槽)가 있다. 자인(子訒)과 대이(大而)가 빠름을 자처하여 먼저 찾아가 보고 돌아와 자랑하였다. 나와 자순(子順)이 자운(自雲) 스님과 비를 무릅쓰고 함께 찾으니 소위 솥과 수조라는 것이다. 쇠로 만든 솥은 그 깊이가 가히 물 천 동이는 용납할 만하다. 석조는 바느질 자로 헤아리면, 그 길이는 9척이고 그 넓이는 4척 9촌이며 그 깊이는 2척 2촌이니 물을 가두는 까닭이다. 서쪽을 돌아보니 수풀 가운데 독 깨진 것이 쌓여 있는데 마땅하지 않아서이다. 내가 자순에게 일러 말하기를, "자인의 무리는 반드시 이 물건을 빠뜨렸을 것이네"라고 하였다. 돌아와 절에 이르러 깨진 독의 기이함을 화답의 시로 큰 시첩(詩帖)을 만드니, 자인과 대이가 도리어 그것을 보는 것을 빠뜨린 것에 대해 한 자리에서 떠들썩하니 한스러워하였다.

서쪽에 수정봉(水精峰)이 있는데 그 위에 마치 거북과 같은 돌이 있으니 저절로 그러한 것이다. 그 등에는 가히 50명은 앉을 수 있고 그 머리는 높이 서쪽에 달려 있다. 세간에 전하기를, "술사가 보고 말하기를, '중원의 옥백(玉帛)이 날로 동국(東國)으로 보내지는 것은 이 물건 때문이다'라고 하여 그 머리를 잘라 물리쳤다."라고 한다. 동쪽에 기자대(碁子臺)가 있고 남쪽에 천주봉(天柱峯)이 있고 북쪽에 탄항(炭項)이 있다.

옛날 신라 때 불법이 처음 흥기(興起)할 때 백성들이 모두 승려가 되었는데, 층층 누대와 뛰어난 전각이 벼랑과 골짜기를 밝게 비추었다. 매월 초하루에는 대법주사에 반승(飯僧)이 천 명을 헤아렸다. 입재(入齋) 때에 수정봉 위에서 종을 쳐서 산 수십 리를 두르면, 바리때를 가지고 재(齋)에 나아가는데 마치 구름이 모이는 듯했다. 옛날에는 노비[臧獲]가 있었는데 세종조에 이르러 혁파하였고, 다만 조세는 오히려 남아 있다. 장의사(藏義寺) 주지 자운(自雲)이 내게 이같이 말하였다.

우리는 처음 이 절에서 유숙하고 비가 개기를 기다렸다가 장차 복천사(福泉寺)로 가려고 하였다. 절에 이르니 스님은 늙었고 절은 오래되어 담장은 기울고 벽이 부서졌으며 인적이 드물고 뜰에 풀이 거칠게 잠겨 있었다. 자순이 말하길, "뜰이 거칠고 집이 좁아 유숙할 수 없다"라고 하여, 어둑어둑할 때 다시 복천사에 도착하였다.

법주사(法住寺)

하늘을 덮은 구름 나그네 걸음 재촉하는데
냇가에서 조금 머물자니 더디네.
머리를 곧추고 숲의 끝을 흘끗 보니
층층이 전각의 위 부분 살포시 드러난다.
세속에 찌든 마음 문득 밝아지니
어찌 곁에서 흥겹게 노는 흥 사라질까.
절 문에 들어 우뚝 솟은 것을 보니
목탑이 북두성과 견우성에 닿겠네.
풍경의 때 늦은 말 그윽하여
위로하듯 바위 골짜기에서 노닌다.
절이 신라 때부터 있어
행궁에 임금이 임하셨네.
절[紺園]의 푸른 전각
옥으로 쪼고 금으로 새겼구나.
당시 도교가 널리 퍼져
총림에 비구승이 많았다지.
밝은 달은 승도[缾錫]들을 성하게 하고
불법의 구름은 상에 길게 그늘 드리웠네.

넉넉한 구름이 한번 나오니
지난 일 부질없이 유유하구나.
오가며 말세를 도우니
무너진 집과 마당이 그윽하네.
선당을 청소하니
깨진 걸상에 먼지 묻은 자리와 휘장이라.
쇠잔한 스님이 벽에 기대어 자는데
돌아보니 늙어 무수리처럼 대머리라.
굴속의 불상에 대해 물으나
좌선한 지 지금 몇 해이던가.
세속의 사람이 되어
망상으로 바람과 물거품 쫓는다.
수많은 생을 산골에서 달리며
방랑하며 승경을 두루 찾누나.
자고 깨닫노니 불법은 머무름이 없거늘
속세를 떠난 고승들이 모였구나.
붓을 던져 한번 길게 휘파람 부니
아름다운 시어에 누가 감히 수창할까.

　우리가 헤매는 사이 주지 학령(學寧) 스님이 수반(水飯)을 준비하였다. 밥을 먹고 복천사(福泉寺)를 향해 가는데 길옆에 황폐한 궁궐터가 있다. 스님 말로는, 옛날 신라 애장왕(哀莊王)이 중수할 때의 행궁이라 한다. 애장왕은 고왕(古王)으로 여러 대에 걸쳐 숭배하여 받들었음을 가히 알 만하다.

이때 가랑비가 조용히 내리고 옅은 안개가 산에 모였다. 녹음이 서로 더하여 올려다봐도 하늘은 보이지 않는데 남은 낙수가 흩어 떨어져 사람의 옷을 적신다. 계곡물을 따라 올라가니 위쪽의 나무는 더욱 오래된 것이고 골짜기는 더욱 깊으며 기이한 바위와 큰 돌이 종횡으로 옆에 벌려 있는데 이끼가 뻗어 맺혀 있다. 아름다운 나무와 기이한 풀은 위로 얽히어 쓰러져있고 물이 그 아래로 흐르는데 거문고 소리처럼 쟁글쟁글하다. 특별히 그윽하고 아름다운 곳에 나무가 있는데 꽃이 희고 잎이 두터워 산인(山人)이 부르기를 목련(木蓮)이라 한다. 산에는 철쭉이 성하게 피었는데 잎은 둥글고 꽃은 담홍색이다. 아래 푸른 시냇물에 비치니 참으로 승경이다.

집이 숲 끝으로 살포시 드러나 내가 멀지 않아 절에 이를 것이라고 하였는데 이내 물레방아 지붕이다. 바위에 의지해 계단을 쌓고 세 칸 집을 지었는데 그 가운데 절굿공이가 자리를 잡았다. 절굿공이 끝에 뚫린 것이 마치 통 같은데 물을 대어 받아 수조로 물을 끌어들이고 물이 가득 차면 절굿공이가 기울어 자연 찧는다. 전하길, 절집 절구의 지혜가 틀에서 찧는 것만 못하다고 하였으나, 절에서는 모두 이 물레방아를 사용하기에 절 옆에 설치한다. 이 절은 길옆에 설치하여 물을 쉽게 끌어들인다.

복천사에 이르니 높은 삼나무와 오래된 노송나무의 그늘이 돌계단과 불전 앞의 승방을 덮었고, 산을 두르고 계곡을 덮어 단청이 서로 비추니 진정 절의 모습이다. 절문 안에 넓은 뜰이 있는데 얇은 돌이 펼쳐있고 둘레를 낮은 담으로 둘렀다. 서쪽에 선당(禪堂)이 있는데 매우 깨끗하고 넓다. 가운데 승당(僧堂)이 있는데 벽 위에는 세조가 다녀간 기록이 푸른 깁에 있고, 또 김괴애(金乖崖: 金守溫)가 뒤에 기록한 것이 있다. 불당 뒤에 2층으로 지은 전각이 있으니 극락전(極樂殿)이라 하는데 편액이 금으로 된 글자이다. 극락전에 금불상이 있고 들보에 양산이 걸려 있다. 벽에 팔난도(八難圖)가 걸려 있는데 안견(安堅)의 필체로 해는 경자(庚子)다.

세종대왕께서 편치 않자 문종대왕과 세조대왕이 청정한 승려를 불러 모아 지극 정성으로 힘쓰게 하여 과연 영험을 얻었다. 여러 종실에서 다투어 금과 비단을 내어 아미타불 삼불(三佛)을 조성하였다. 혜각존자(慧覺尊者) 신미(信眉)가 이 절에 와서 옛것을 거두고 새것으로 이곳에 삼불을 맞아 봉안하였다. 천순(天順) 8년(1464, 세조 10) 2월, 세조가 충청도를 순행하였는데 임금의 수레가 청주에 도착하여 2일을 머물고 피령(皮嶺)을 넘어 회인(懷仁)에 통하였다. 경술(庚戌: 27일)에 보은 병풍송(屛風松) 아래에 대가(大駕)가 머물렀고, 신해(辛亥; 28일)에 여러 종재(宗宰)에게 명하여 어가를 호종하게 하여 임금이 이 절에 행차하니 한낮이었다. 임금께서 곤룡포를 입고 친히 불전에 가서 향을 올리고 또 승려들에게 명하여 이 날 처음 33명을 정해 상당(上堂)으로 삼아 크게 법회를 열었다. 인하여 밭과 노비를 주어 상주하여 향을 올릴 수 있게 하였다. 승당에 노승이 있는데, 범패 소리 부합하는 이는 혜원(惠元)이고 부처님 앞에 향을 올리는 이는 사경(思冏) 스님이다. 승당 서쪽 협실은 등곡화상(燈谷和尙)이 계시던 곳으로 스님의 마음 단속은 매우 굳다. 스님께선 지금 직지사(直指寺)에 주석하고 계시며 한해 한 번 오시는 까닭에 절의 스님들이 존경하니 감히 협실을 열겠는가. 이날 저녁 선당(禪堂)에서 잤는데, 선당에는 성인(性印)과 일정(一精) 두 스님이 계셨다. 눈썹과 눈이 맑고 순수하고 정신이 깨끗하여 가히 이야기할만 하였다. 성인 스님의 호는 가암(可巖)이다.

성인의 두루마리 시에 차운하여 주다(次性印卷子詩韻贈之)

정력(定力)으로 분잡한 세상일 물리고
향을 피워 저녁 향불 대하네.

정신이 본래 속세를 벗어나니
얼굴이 여럿 가운데 뛰어나다네.
담담히 마음은 물과 같고
표표히 자취는 구름과 같구나.
소나무 문이 맑게 달빛을 가두니
세상일 들리지 않네.

일정에게 주다(贈一精)

구름 낀 산에 바리때 걸어놓고 청진을 기르며
소나무와 강을 몇 번이나 보았냐고 길가의 사람에게 묻네.
홀연히 웃으니 무슨 연유인가
녹음 그윽한 곳에서 잠시 머뭇거리네.

  전각 동쪽에 큰 바위가 있고 바위 밑에는 맑고 차가운 샘물이 돌 틈에서 나오는데 가뭄에도 마르지 않고 우기에도 넘치지 않는다. 돌을 깎아 아래 뚫린 데를 담장 밑으로 끌어 대통을 이어 물길을 나눠 위로 절의 부엌으로부터 아래로 뒷간에 이르기까지 두루 미치지 않는 곳이 없으니 절이 이것으로 이름을 취하였다.

복천사(福泉寺)

길은 구름 덮인 산으로 들고

절은 안개 낀 넝쿨 위에 있네.
골짜기는 깊고 그윽하고
천석은 마음에 흡족하다네.
미풍은 시원하게 불어오고
관솔불에 기운 서늘하구나.
그윽한 꽃은 바위에 붉게 피고
희미한 경쇠 소리 냇물 소리에 울려 나오네.
맑은 인품을 배우며 담백한 마음으로
속세를 떠나 의탁하여 마음껏 즐긴다.
이제부터 세상 속박 이별하고
바라건대 산수 생각 이루고 싶네.

돌 틈의 맑은 샘물(石縫淸泉)

돌 틈에서 차갑고 푸른 물 토하니
옥이 부딪치고 구슬을 흩뿌리는 듯하네.
젖은 구름은 나그네의 잠자리 맑게 하고
씻긴 해는 스님의 부엌에 든다.
섬돌을 둘러 차솥이 나뉘어 있고
창가에는 약병이 젖어 있구나.
누구에게 의지하여 남은 술을 빌까
귀를 씻으며 이곳에서 머뭇거리네.

19일 무술(戊戌),
아침에 비가 내리고 바람이 많이 붐

우리는 풀잎의 이슬이 오히려 두건과 신을 적셔 유람을 이기지 못할 것이기에 절의 스님과 함께 장난삼아 성불도(成佛圖)를 쳤다. 오후에 일정(一精) 스님과 함께 복천사로부터 아래로 걸어 내려가 물레방아를 보았다. 조금 쉬니 혜원(惠元) 스님이 술과 안주를 그릇에 계속 담아 가지고 와서 돌 위에서 술을 따뜻하게 데웠다. 혜원 스님은 배가 아파 절로 돌아가고, 이에 일정 스님과 함께 동쪽을 향하여 오르니 돌 위를 흐르는 물이 그윽하고 절묘하였고 모래 위의 물은 맑고 차갑게 푸른 대나무 사이로 흘러내렸다. 고목을 지나니 뚝 끊어진 벼랑길이라 세 번 쉬고 올랐다.

환희암(歡喜庵)에 이르니 뜰에 오층탑이 있고 법당엔 불화가 있다. 우뚝하게 솟은 남쪽 봉우리는 절벽을 깎아 만든 것이다. 민간에 전해오기를, "벽 위 끊어진 곳에 금불(金佛)을 감추어 두었는데, 근세에 장인 김 씨가 그 재화를 모으기 위해 몰래 뚫어 스님들이 그것을 깨닫고 취하여 숨겨두었다"라고 한다. 암자에 비구승 지윤(智允)·행정(行正)·경현(敬賢)이 있는데, 경현 스님인즉, 우리가 입산할 때 마현 아래서 말에게 꼴을 먹이고 말이 달아나는 일이 있으면 스님이 쫓아가서 잡아타고 가기에, 우리가 왜승(倭僧)이라며 웃었는데, 이가 그 스님이다. 승복을 입고 두건을 가지런히 하여 형용이 단정한 것이 지난날 말을 쫓을 때처럼 당돌한 것 같지는 않다

 동쪽에 가는 샘이 있는데 돌구멍에서 흘러나와 석통(石桶)으로 흘러 들어간다. 법당 앞에 작은 종이 매달려 있는데 종 표면에 팔괘(八卦)와 쌍용(雙龍)이 그려져 있다. 자순(子順)이 치자 그 소리가 맑고 멀리 퍼졌다. 서쪽 벽 위에 수암(秀菴) 신미(信眉)의 기록이 있는데 대략 말하길, "암자의 터가 벼랑 아래에 걸려 있는데 어느 대에 창건하고 어느 때에 폐하였는지 알지 못한다. 돌 봉우리가 그 뒤를 안았고 여러 봉우리가 그 앞을 안았다. 도사 해혜(海惠)가 시주하여 병진년(丙辰年) 봄에 역을 시작하여 기미년(己未年) 가을에 마쳤다"라고 하였다.

 구경을 마치고 드디어 경현 스님을 이끌고 암자로부터 북쪽으로 1리쯤 꺾으니 높이가 10여 길이나 되는 바위가 있는데 그 위 동쪽 가에 완연히 물이 흐른 흔적이 있다. 그 아래는 처

음과 끝이 활 모양으로 굽은 베개 모양의 돌이 있어 그 빈 곳으로 겨우 사람이 들어간다. 그 안으로 들어가면 두 개의 돌이 서로 버팀목이 되어 있는데, 위 지붕이 마치 왕대나무가 뭉쳐 난 것 같아 사내아이 종에게 수십 개를 베게 하고, 나가 돌아서 한 언덕을 지나니 언덕 머리가 말[斗]처럼 서 있다. 아래로 그곳에 임하니 추워서 오해 머물 수 없어 드디어 벼랑을 따라 내려갔다.

가섭암(迦葉庵)에 이르니 암자에 노승이 있는데 귀가 먹어 더불어 말할 수 없었다. 청량굴(淸凉窟)에 이르니 굴 아래에 책 시렁을 갖춘 세 칸 집이 있다. 서쪽 담에 큰 돌이 있는데 그 위에 3, 4명이 앉을 수 있고, 바위 가에 세 그루 회나무가 있는데 가지는 푸르고 줄기는 하늘을 뚫을 것만 같았다. 벽에는 산 승 철감(徹鑑)의 〈회나무를 읊다(咏檜)〉 율시와 오언절구가 있고, 금식하는 스님이 있다. 암자 뒤에 돌이 있는데 우뚝 선 것이 홀(笏) 모양이라 매우 기이하다.

하고암(下高庵)에 이르니 암자의 벽 위에 산인(山人) 윤의(允義)의 〈중수기(重修記)〉가 있다. 대략 말하길, "벼랑 비탈진 곳에 새는 위아래로 날고 길 험한 곳으로 사람이 다닌다.

철쭉과 소나무는 시들고 반공에 암자가 별처럼 벌려 있어 빈 산에 걸려 있으니, 천하의 신령한 암자고 하나의 산의 기이한 자취로 신령스러운 이적은 그 놀라움이 매우 많다. 옛날부터 민간에서 전하기를, '옛날에 세 사람이 있어 선방에서 수도하기로 계를 맺었다. 암자의 서쪽 옆에 기이한 바위가 있는데 하루는 용이 돌아 그 아래에 이르니 세 사람이 올라 서쪽으로 갔다. 인하여 이름 삼으니 용반대(龍般臺)다. 또 왜적이 골짜기에 들어온 적이 있었는데, 공중에서 어떤 물건으로 가슴을 막아 물리친 적이 있어 이로 말미암아 듣는 자들이 감탄하였다' 라고 한다. 유씨(柳氏)가 산인(山人) 법민(法敏)을 모아 병신년(丙申年)에 경영하고 정유년(丁酉年)에 단청하고 경자년(庚子年)에 경찬(慶讚)하였다. 또 순금으로 미타불을 그려 중수한 법당 속에 두니 정유년(丁酉年)이다. 말하기를, '높고 높은 층층 산이 푸른 하늘에 솟아 있고, 금으로 단장한 절이 푸른 봉우리에 숨어 있네. 벼랑에 매달린 두루마리에 장생화(長生畵)가 있고, 폭포 울림소리는 줄 없는 태고의 거문고라네. 향탁(香卓)에 불을 붙이니 연기 쓸쓸하고, 구름 사이로 창가의 감람나무엔 달빛이 침침하네. 연하 속에 사는 선승 삼독(三毒)에 머물고, 누더기 걸치고 주석하여 한마음으로 깨닫네. 솔바람 맑은소리 의기(意氣)를 깨우치고, 달의 차가운 그림자

허심(虛心)을 비추네. 공의 많고 적음으로 우뚝 섬을 알고자 하나, 담담한 푸른 물결 만 길이나 깊네"라고 하였다. 동쪽 담장 아래 붉은 모란이 있어 한 무더기가 바야흐로 피려고 한다.

문을 나서니 날이 장차 어둡고 숲 그림자 침침하며 저물녘의 경치가 창연히 먼 곳에서부터 이른다. 장차 금강굴(金剛窟)로 가 이로써 여흥을 마칠 것을 모의하였는데, 일정 스님이 온 세상이 그곳에서 그칠 것이라고 하자, 자인(子訒)과 자순(子順)이 돌아보지 않고 달아났다. 이에 대이(大而)와 함께 바위를 잡고 내려가니 오솔길이 끊어졌는데 푸른 나무와 넝쿨이 얽히고설켜 있고 바위 가에는 석순(石蓴)이 비로소 나왔다. 원적암(圓寂庵)을 지나는데 옛 섬돌이 오히려 남아 있었다. 일정 스님이 말하기를, "노승 도명(道明)이라는 자가 있어 토담집을 엮어 산 지 30년이다"라고 하였다. 드디어 부도대(浮屠臺)에 이르니 부도 면에 '수암화상탑(秀庵和尙塔)' 다섯 글자가 새겨져 있다. 수암(秀庵)은 신미(信眉)의 호다.

세조가 왕림하여 불교를 존중하고 믿어 신미(信眉)를 혜각(慧覺)으로 봉하고, 학열(學悅)·학조(學祖) 스님과 함께 궁궐에 출입하게 하여 더한 영광이 없으니 세칭 삼화상(三和尙)이다. 신미는 도력이 유독 높아 세조가 존대와 예우로 그의 절행

(節行)이 불길처럼 궁궐에 미치기를 기다렸다. 만년에 이 절에 주석하였고 입적 후에는 유골 사리 약간 매를 받들어 석종(石鐘)에 갈무리하고 이 탑을 세웠다.

대이(大而)와 함께 자순(子順)의 무리를 기다리다가 이미 먼저 복천사에 도착하였다. 식사를 마치니 자순(子順)과 자인(子訒)이 따라 이르렀다. 금강굴에 갔다가 되돌아오는 것이라며 말하길, "금강굴에 일원(一圓) 스님과 신각(信覺) 스님이 계셨는데, 바야흐로 자인(子訒)이 이르러 사립문을 두드리니 스님이 놀라 일어나 자빠지며 나왔다. 문밖에는 붉은 모란이 있고 길가에는 큰 밤나무가 있다."라고 하였다. 이날 저녁 복천사로 돌아와 잤다.

20일 기해(己亥), 맑음

아침에 말을 법주사로 보내고 성인(性印)·일정(一精)·혜원(惠元) 세 스님과 함께 달마암(達摩庵)을 향하다 돌 위에서 쉬었다. 위태롭게 등나무를 잡고 비탈길을 가다가 동쪽 봉우리의 꼭대기에서 내려갔다가 다시 올라가 암자에 이르렀다. 법당에 금불 1구가 있는데 관대를 갖추어 의젓한 것이 마치 제왕의 모습 같았다. 벽에는 미라(彌羅)의 그림이 걸려 있는데 위에 세조가 찬 하기를, "원명(圓明)이 본진임을 깨달아 바로 극락이라 이름하였네. 신령스러운 빛은 시방세계에 빛나고 혜택이 한 해를 윤택하게 하니 머리를 숙여 매우 공경하여 명심하네. 찬양이 어찌 끝이 있을까, 멀리 좇아 넉넉히 복을 메우네. 공손히 부처님께 의지하여 맡기니 세 가지 자취 머물러 신령스러움을 보이네. 융숭한 은광이 연잎에 내려 인연 있어 함께 조성하였으니 시왕의 덕을 함께 얻으리"라고 하였다.

왼쪽에 반신금불화(半身金佛畵)가 걸려 있는데 등곡(燈谷) 스님이 베푼 것이다. 금자(金字)로 찬 하기를, "해가 연이은 산에 나오고 달이 둥그러니 집 앞에 있네. 몸이 없는 것은 아니지만 온전하게 드러내려 하지 않네"라고 하였다. 서쪽에 깨끗한 작은 방이 있는데 벽 위에 절구가 있으니 연(延) 태수(太守)의 꿈에 쓴 것이다. 시에 이르길, "빈산에 누런 잎은 우수수 지고, 스님 없는 한산한 절은 늦가을이라네. 나그네 이불 빌려 게을리 누웠는데, 한 줄기 소나무에 걸린 달이 맑고 그윽한 곳을 비추네"라고 하였으니 말의 뜻이 맛이 있다. 향탁 위에 오래된 구리 향로가 있는데 금 가위를 써서 실로 아로새기길, "이 세상의 모든 현상은, 꿈과 같고 허깨비와 같고 물거품과 같고 그림자와 같고, 또한 아침 이슬이나 번갯불과 같으니, 응당 이렇게 살펴보아야 할 것이다"라고 하였다. 암자의 스님은 옥섬(玉蟾)·성호(性浩)·희상(希尙)이다.

달마암(達磨庵)으로부터 문장대(文藏臺)를 향하여 작은 재를 넘고 벼랑을 따라 내려가니, 골짜기는 시내를 따라 돌을 캐서 얇게 깔았고 나뭇잎은 두껍고 둥근데 신맛이 나며 미끄러웠다. 산에 철쭉이 성하게 피어 있는데 혹 피지 않은 것은 골짜기가 깊고 멀어 산중의 기운이 늦은 것이다. 마침내 잡고 벼랑을 따라가니 길에 말라 죽은 나무가 옆으로 엎드려 있는데 푸른 대나무가 둘러싸서 틈을 볼 수 없다. 그 사이에서 아래로 굽어보고 위로 쳐다보노라면 자기 몸이 멀리 높은 곳에 있다는 것도 깨닫지 못한 채, 단지 해와 달을 옆에 끼고 비와 바람에 임할 수 있을 따름이다. 평소 뜻이 임천(林泉)에 노고를 꺼리지 않는 자가 아니라면 능히 이르지 못할 것이다.

한낮에 산마루에 올라 쉬고 밥을 먹은 후에 문장대(文藏臺)에 이르렀다. 문장대의 남쪽에 문장암(文藏菴)의 오랜 대(臺)가 있는데 일찍이 산불이 잔잔한 바람에 타올라 깨진 벽돌이 숲 사이에 흩어졌다. 문장대 아래에 이르니 포개진 돌이 자연으로 이루어졌는데 가파르고 험한 것이 몇천 길인지 알 수 없다. 지나온 여러 산을 돌아보며 모두 그 꼭대기를 어루만지니 높고 낮은 형세가 딱 벌린 듯 깊이 들어간 듯 개밋둑 같고 구멍 같기도 하다. 산봉우리가 빽빽이 모여 쌓여 천 리의 한 자 한 치도 숨을 수 없다. 남쪽에 하나의 큰 돌이 종을 엎어 놓은 것 같은데 높이가 가히 십여 척으로 문장대와 함께 돌이 서로 우뚝 솟아 서 있다. 그 사이가 겨우 3, 4보인데 나무를 걸쳐 다리를 놓은 것이 있으니 길이가 7, 8척으로 모두 측백나무이다. 다리를 잡고 한번 기세를 놓치면 곧 두 벼랑 사이로 생명을 보존하기 어렵다.

성인(性印)과 일정(一精) 스님이 먼저 오르고 자인(子訒)과 혜원(惠元) 스님이 서로 그다음, 그리고 내가 올랐다. 나와 함께 자순(子順)과 대이(大而)는 오래도록 방황하다가 자인이 힘껏 권하자 이에 서로 이어 올랐다. 넓어서 가히 30명은 앉을 수 있고 솥 같은데 구덩이가 10여 곳 있어 비가 오면 구덩이 속에 물이 차고 넘쳐 나뉘어 세 갈래가 되니, 동쪽으로 흐르는 것은 낙동강의 한 갈래가 되고 남쪽으로 흐르는 것은 금강의 한 갈래가 되고 서쪽으로 흘러 달천(達川)이 된다. 본조의 기우자(騎牛子: 즉 예문관 대제학 문간공(文簡公) 이행(李行), 자는 주도(周道))가 능히 물의 맛을 나누어 달천수(達川水)가 제일이라 하였는데, 세상에 전하는 것을 이같이 보니 두려움에 사실이 아닌 것 같았다.

동쪽으로 문경(聞慶) 희양산(曦陽山)과 상주(尙州) 사불산(四佛山)을 바라보고, 남쪽으로 갑장산(甲長山)과 성주(星州) 금오산(金烏山)·가야산(伽倻山), 김해(金海) 황학산(黃鶴山)을 바라보고, 서쪽으로 금산(錦山) 서대산(西臺山)·고산(高山) 대둔산(大芚山)·공주(公州) 계룡산(雞龍山)을 바라보고, 북쪽으로 노음산(老陰山)과 환산(環山)을 바라본다. 수백 리를 굽어볼 수 있는데 이날 바람이 어지럽게 불어 여러 산이 짙은 안개 속에 어둡게 비쳤다. 이 대는 높은 가을에 더욱 좋다. 늦게 엷은 안개가 남김없이 거두어져 곧바로 한양의 삼각산(三角山)과 전라도의 지리산(智異山)을 볼 수 있었다.

마음과 정신이 놀랍고 두근거려 오래 머물 수 없었다. 자순과 대이가 먼저 내려가고 나와 자인이 따랐다. 팔을 잡고 발을 내려 겨우 내려가니 바위가 모두 흔연히 웃는 모습인데, 자순이 바위에 제명(題名)하였다. 돌아 북쪽에서 샘을 만났는데 맑고 검은 것이 넘치지도 마르지도 않았다. 돌아 서쪽으로 꺾어 내려가 굽은 시내에서 조금 쉬며 술을 마셨다.

성불암(成佛庵)에 이르니 문과 담장이 퇴락하였고 빈 전각은 쓸쓸하였다. 연산조 때부터 절과 승려를 없애 명산거악(名山巨岳)에 불우(佛宇)가 빈 곳이 많아 성불암의 동우(棟宇) 윤오(輪奥)에 스님이 없어진 지 이미 오래다.

문장대(文藏臺)

푸른 산 정상을 밟고 뭉게구름에 기대니
이 몸은 바람 타고 티끌 기운 벗어났네.
속을 시원히 헤치니 질펀하게 솟은 땀 사라져
청도(清都) 가까운 곳에서 나의 진짜 주인을 부르네.

성불암(成佛庵)으로부터 바위를 돌아 위로 짧은 산등성을 넘었는데 드디어 길을 잃었다. 이에 모두 옷에 걸린 돌의 뾰족한 모서리와 눈을 찌르는 넝쿨과 난삽한 오솔길을 헤치고 대암(大菴)에 이르러 맑고 차가운 석간수에 얼굴을 씻었다. 나한전(羅漢殿)으로 들어가니 십육나한의 모습이 매우 빛이 나며 산택(山澤)의 자태가 있었다. 불전에 금불 3구가 있는데 이제(李悌)의 손자가 조성한 것이다. 승당에는 좌신(坐身) 그림 한 축이 있고 선당(禪堂)에는 관음상(觀音像)이 있는데, 아래에 선덕(宣德) 연간에 빈(嬪) 봉씨(奉氏)가 시주한 것이라 기록하였다. 주승(主僧)은 도원(道圓)·사식(思湜)·설간(雪竿)·신은(信恩)이다.

드디어 혜원 스님과 함께 법주사로 향하는데 길 왼쪽에 높은 바위가 있어 나뭇가지가 얽혀 우뚝 솟은 게 중천에 있는 듯하다. 이름하여 귀암(鬼巖)이다. 세상에 전하길, "천승(天僧) 천 명과 귀승(鬼僧) 천 명이 함께 속리사(俗離寺)를 조성하고 각각 표석을 세워 그 공의 뜻을 표했는데, 천승이 먼저 돌 하나를 들어 높은 봉우리에 두니 문장대이고, 귀승이 그것을 듣고 부끄러워서 가지고 있던 돌을 시내에 버려 그런 까닭으로 이름 삼은 것"이라 하니, 이것은 허망한 말로 족히 말할 것이 못 된다. 우리는 다리 힘이 더욱 튼튼하여 지팡이를 두드리며 서로 놀리면서 달려 내려왔다. 장차 산기슭에 이르니 큰 돌이 길을 막았는데 구멍이 있어 마치 문 같으니, 이름하여 내문(內門)이다. 하인들이 말을 가지고 먼저 이곳에서 기다리고 있어서 이에 지팡이를 버리고 말을 타고 갔다.

지팡이에 줄 말이 있어(贈杖有辭)

지팡이에 두 번 절하고
원사(元師)라 하며 고맙게 여기네.
험한 산수 사이에서
아침저녁으로 익숙하게 지니고 다녔지.
콩콩 짚으며 늘 손에 있으니
조정에서도 겨우 살피며 지낼 수 있었네.
구름을 뚫고 돌 틈으로 들어가
달 아래 나무[禪杖]에 기대었네.
뱀과 살모사의 독을 피하여 찌르고
나무나 돌이 위태로워 짚고 다녔지.
그대에게 힘입어 이리저리 그윽한 곳 다니며
가는 대로 따라다니며 어려움도 겪었네.
참으로 정성껏 붙들어 주어
명승지를 두루 다닌 공이 작지 않구나.
영수장(靈壽杖)의 은덕을 좇아
과보(夸父)가 후세에 끼친 것을 어찌 흉내 내리.
그대는 변화를 배우지 마시게
갈피(葛陂)에서 용이 되는.
구름 낀 아득한 산속에 잘 있다가
훗날 다시 서로 따르세.

벼랑을 따라 내려가니 또 구멍 난 돌이 있는데 내문(內門)에 견주어 크기에 차이가 있다. 골짜기 입구를 따라 나오니 이름난 큰 절의 지붕과 담장이 서로 접하였고 흙다리는 무너졌으나 빈터가 아직도 남아 있어 당개(幢盖)와 경고(磬鼓)가 산과 골짜기에 가득 찼음을 상상할 수 있다.

밤에 법주사에 이르러 잤다. 선당에 행분(行芬) 스님이 있는데 이야기를 잘하고 조금 글을 지을 줄 알았다. 다박머리 때 한양 장의동(藏義洞)에 살았는데 자순(子順)과 함께 같은 마을 사람으로 이야기를 나눴던 옛날의 일이 눈앞에 있는 것 같다. 출가한 지 지금 이미 20여 년으로, 집에 주인이 몇 번 바뀌었는지와 현재 경물의 시비를 알지 못한다. 내가 묻기를, "무엇을 일러 조동(曹洞)·임제(臨濟)라 합니까?"라고 하니, 스님이 말하기를, "육조(六祖) 혜능(惠能)이 처음 수고롭게 복역하고 마침내 오조(五祖) 홍인(弘忍)의 의발(衣鉢)을 받고 남해 상에 숨었다가 또 16년을 행하고 조계(曹溪)와 홍연(弘演)에 거하니, 불법에서 말하는 임제(臨濟)·위앙(潙仰)·조동(曹洞)·운문(雲門)·법안(法眼) 등 다섯 종파인데, 지금은 임제종(臨濟宗)만 유독 번성합니다. 우리 동방의 조사들은 모두 임제종을 계승하였고, 나옹(懶翁)과 무학(無學)이 모두 지공(指空)을 스승으로 삼았습니다. 무학 스님이 처음 지공 스님을 보았는데, 지공 스님이 웃으며 말하길, '고려의 스님을 모두 죽였구나' 하였다고 합니다. 무학대사가 그 말을 깨우치지 못하였는데, 그 이후 우리의 태조·태종 두 궁이 서로 조화로우니 무학의 공이 실로 많습니다"라고 하였다. 말은 쌓이고 쌓여 그치지 않는데 창에 달빛은 이미 삼경이다. 내가 피곤하여 장차 자려고 하는데 자순이 바야흐로 깨어 누워서 다시 스님과 함께 앞서 했던 말을 펼치니 밤이 깊어서야 스님은 처소로 돌아갔다.

산을 나서며(出山)

온 골짜기 솔바람 소리 옷소매에 가득 담고
예쁜 구름 깊은 곳에선 지팡이에 부축받았네.
불이 나도 석실 문은 아무 탈이 없으리니
다른 날 다시 찾아도 헤매지 않으리.

21일 경자(庚子), 맑음

아침에 행분(行芬) 스님이 시를 지어 갖고 와서 주는데 시어가 볼 만하였다. 나와 자순(子順)이 곧 운자를 밟아 답을 하고 서로 작별하고 갔다.

행분 스님의 시에 차운하여 답하다(次芬師韻答之)

행분 스님은 덕성이 높아
선원에서 명성이 많았네.
법주사에 주석하니
담담한 운수승 맑기도 하다.
산속에서 홀연 서로 만나니
의기가 어찌 그리 유연한지.
천석에서 깊은 토론 일삼고
승경에서 노닐며 평생 수창했으면.
이리저리 섞인 푸른 담쟁이 넝쿨 사이의 달이
마음과 눈을 밝게 비춘다.
서로 그리워하며 아득히 허락하는 듯
슬피 바라보니 구름 낀 산이 푸르다.

차운하다(次韻) 자순(子順)

산봉우리를 넘어 벼랑을 따라 내려가니
산은 어둡고 이미 종소리 들리네.
서로 만나 모두 즐거워하는데
오직 그대가 최고로 다정하구나.
밤중에 맑은 말이 흘러드니
넓고 넓은 두 귀에 차네.
같은 동네 사람이라 절로 기뻐
은근히 평생을 말하였지.
정성스러워 정이 그치지 않는데
산달은 창가에 밝게 이르누나.
헤어짐을 어찌 견딜까
쓸쓸히 두세 봉우리만 푸르다.

돌아오는 길에 마현(馬峴)을 넘어 묘산(卯山)에 이르러 김희실(金希實)의 집에서 심부름하는 사람에게 찾을 수 없는 이유를 알렸다. 곧바로 폐원(廢院) 뒤 냇가에 이르러 점심을 먹은 후, 자순(子順)은 친척을 방문하고자 먼저 보은의 서촌(西村)으로 가고 나와 자인(子訒) · 대이(大而)는 함께 차의현을 넘다가 길에서 유준(兪俊)을 만나 말 위에서 잠깐 얘기하고 헤어졌다. 회인을 지나 원(院) 앞의 냇가에 이르러 자순을 기다리니 오래되어 왔다. 자순이 말 위에서 먼저 절구 1수를 암송하였다.

자순의 시에 차운하다(次子順)

굳은살 배기도록 힘들게 거듭 관문을 넘으니
인간의 행로가 어렵다는 것을 비로소 믿겠네.
맑은 냇가에 앉아 기다리니 하늘은 저물려 하고
서로 만나 한 번 웃고 앞산을 지나네.

원운(原韻)

십 리 시냇가를 아홉 번 돌아
봉우리를 넘고 숲을 뚫으니 길이 다시 어렵네.
세 뛰어난 사람과의 동행을 문득 떠올리며
계획한 일정 지금에야 마치고 인산(仁山)에 도착하였네.

자순(子順)과 대이(大而)는 묵현(墨峴)을 넘어 돌아갔고, 나와 자인(子訒)은 피령을 넘어 집에 이르니 날이 이미 어두웠다.

덕옹에게 답하다(答德翁)

시내와 산을 훑어보니 뜻밖에도 기이하여
돌아오며 가슴으로 절구에 차운하였네.
지금부터 서하자(棲霞子)와 짝할 만하니
송석(松石)의 그윽한 맹세 처하는 곳마다 기약하리.

산에 들어 3일을 잇달아 머무르니
세속의 자취가 동천으로 변했네.
갈수록 산이 부르기 어려움을 깨달으니
정신이 멍해 꿈만 같아 누구에게 전할까.

원운(原韻)

그대들과 그윽한 곳 찾아 기이한 것 많이 얻고자 했으나
마귀가 많은 나의 일 비틀어져 한탄스럽네.
승지에서 다시 노는 것이 뭐가 급하리
새로 문장대에 오르자는 기약 저버릴까 부끄럽네.

남쪽으로 하늘을 눌러 지리산이 이어지니
구름이 감추고 바람에 기댄 것이 하늘에 솟았네.
분명 그대들이 지은 시 천수는
얼마간 숲과 산에 자세히 전하겠지.

속리산은 백두산의 남쪽 정강이에 서려 있는데, 신라 때는 속리악(俗離岳)이라 불렀고 중사(中祀)에 올랐다. 짙푸른 아홉 봉우리가 우뚝하여 또한 이름을 구봉(九峰)이라 하였다. 산등성이를 거듭 돌아 벼랑과 골짜기가 뒤엉켜 내외(內外)의 산이 있으니 참으로 비구[苾蒭]들이 살 선당(禪堂)으로 좋은 곳이라 승료(僧寮)와 불찰(佛刹)이 바둑처럼 벌려 있고 별처럼 널려 있어 가히 융성하였다. 내산(內山)은 복천사(福泉寺)

가 중심이 되어 동으로 환희암(歡喜庵)으로부터 구불구불 북으로 가다가 금강굴(金剛窟)로부터 대암(大庵)에 이른다. 외산(外山)은 법주사(法住寺)로부터 도솔암(兜率庵)에 이르는 여러 암자인데, 우리가 세상일 때문에 외산을 탐구하지 못한 것이 한스럽다.

청천(菁川) 원로(元老)가 기록하고 아울러 폐추(弊帚)를 붙인다.

2부
유속리산록 원문

遊俗離山錄 並引

往在白羊之歲, 與子順同爲洞天之遊, 宿福泉登文藏. 尋幽探奇, 經行五日上下百里, 凡爲耳目所歷與寄所托發於吟詠. 雖一時之作, 不能盡工, 亦可爲異日之攷焉. 倒囊得數十篇貯之, 行篋中已逾年紀. 今年春, 剖符龜城簿領, 隘人政苦, 無與會心者. 回視靈巘界天遊似星散, 雖欲重尋舊跡振衣, 岡頭邈不可得, 則寧無追想之感而起臥遊之興乎. 暇日檢得草藁, 輒課菲詞得活字, 倩工印之, 分寄同遊之諸君云. 嘉靖四年淸和節元老引.

正德辛未春二月, 上舍朴命孫子順泊僕俱黜於論秀之列, 子順急於來覲僕奔外姑之喪. 俱到燕山, 乃慕康樂之趣, 思欲徜徉於山水之間, 相忘於得失之境. 聞俗離山之鎭在三山, 奇蹤異跡冠于南紀, 歷代君王所嘗駐蹕, 蓋往觀之以償平昔之願乎, 禹愼言子訒聞而擊節贊成其事何料.

　子訒有一善之行, 久而不返, 乃謀其行於子順, 答曰, "此吾素志也, 敢後期耶". 子順爲城主季胤挈金聖童讀書于見佛寺, 金亦上庠而字大而也.

　約日戒行, 又與李上庠碩祖德翁·金上舍弼基公亮·辛上舍世彦君美同約, 而子訒還自一善. 至期餘, 皆不果赴, 獨子順·大而自官廨踰墨峴, 僕與子訒自代谷越皮嶺, 準期于懷仁縣.

夏四月十七日(丙申), 晴

　子訒詰馬朴俊亨之馬與僕各備遊山具將發, 德翁馳來云, "掃冗同歸, 候我於皮嶺之下". 僕等乃發至水落巖, 巖石如刳, 溪水瀉焉, 細紋粼粼流布, 石上成坎, 澄淸最爲幽絶. 德翁奚奴先報曰, "卽當進約少停行鞭期與同行". 遂與子訒卸鞍, 芳草共踞石上, 俯淸流而濯足, 掃蒼崖而題詩.

水落巖

淸溪瀉石滑無聲
勝迹先占第一程
袖拂蒼苔題姓字
凌雲豪氣聳崢嶸

　日將卓午, 德翁奴又至告以不赴, 僕等乃蹳皮嶺. 嶺回旋九折最爲險高.

責德翁

勞生共乾坤
世事劇如麻
不有淸淨界

何以滌紛挐
吾聞俗離山
斷出芙蓉葩
三淸洞府遙
九峯鬱嵯峨
之子輒中止
瑣冗良可嗟
胡爲事一室
自作井底蛙
佳期成索莫
勝游堪爾誇
引領遲子來
日斜路長賒

皮嶺

棧路縈紆九折盤
層層曲曲上重巒
雲藏絕磴陰湫黑
霞映崩崖古木丹
乍踏羊腸經險阨
却騎鰲背出高寒
朗吟飛下風生腋
身馭泠然挿羽翰

踰嶺至溪邊, 柳陰下披草而坐飯訖. 經懷仁官, 見橋下浴川女, 態度穠纖. 雖漢皐之鮮佩, 洛浦之生塵, 不啻過也. 靑樓風情, 自不能禁, 遂賦春浴行以爲馬上之奇談.

春浴行, 效樂府

花容嫩困春陽暄
倦繡偸來弄潺湲
玉龍呵暖桃花浪
金波瀲灩玻瓈盆
紅蓮一朶嬌欲倚
綠雲橫釵凝不起
酥胸半浸洗殘粧
脂粉流膩香澈底
從敎水濺春衫縠
雲情雨態陽臺曲
倩誰散盡劉郞金
錦屛深護鴛鴦宿

懷仁縣

落魄平生胸宇寬
人間非意敢相干
驅馳鞍馬腸堪熱
慙愧沙鷗盟已寒
共約佳山同點檢
聯鑣良友喜追攀
從今展拓乾坤眼
直把塵寰視鼠肝

縣東十里許路邊有盤松, 虯枝屈曲陰庥數畝如蒼龍翠鳳夭
矯而騰驁. 子順大而而自墨峴先到, 其下以待焉.

盤松

鬱鬱澗底千年松
古根漱嚙飛流淙
玉骨論渠尚正直
胡爲蟠屈如龍鍾
元精磅礴獨爾鍾
磈砢枝葉何髼鬆
黛衣童童偃青盖
霜皮剝落蟠蒼龍
貞心得天老不變
御攬冰雪排三冬
不作人間棟樑材
全生却要俯僂容
長年臥堅閱風霜
半嶺波浪聲洶洶
根藏琥珀富縕慳
芘籟不求秦皇封
山魈伏藥養幽晦
太陰贔屭雷雨重
晚翠霏微碧洞香
鶴枝低亞松花濃
他年若從赤松子
願採流膏棲雲峯

酌酒數巡後, 聯轡而行. 岡嶺敞廠, 山路偪側, 石田磽确, 茅村荒涼. 登車衣峴, 石壁裸, 山松櫟倒生, 巖谷幽邃.

車衣峴

邐迤峯巒合
峥嶸峴路通
重岡蟠兩邑
複嶺聳層空
怪鳥林間叫
奇花節後紅
九山天外覩
隱映暮雲東

踰峴至廢院, 路逢靑山太守之行, 子順傾蓋而語. 薄暮低報恩縣公館, 寥落簷雀爭巢, 主倅承差之他郡不還矣. 修尺牘, 報上舍金光及李光祖, 光祖亦歸西原矣. 登三山樓, 憑欄縱目, 沃野彌望, 水田千畛, 塍壟如綺斜陽半規, 暮霞沈山.

三山樓次板上韻

崎嶇踰數嶺
微倦忽登樓
客意吟中歇
嵐光檻外浮
泉巖堪散髮
塵土奈搔頭

明日雲山裏
眞成放浪遊

是夕宿南廳房, 夜二更太守自沃川還官.

十八日(丁酉), 陰

日晏太守使人來曰, "犯夜馳往, 氣甚不和, 未得出見". 僕乃題一絶呈之.

間關歷險客情多
鳥噪公庭報午衙
太守酣眠淸晝靜
一場閒夢到南柯

仍乞酒與鄕導人, 將發行, 生員金起文來見子順, 因言俗離之景冠, "吾弊邑恐爲騷人墨客, 卷盡而歸, 使吾山無顔色也", 遂謝而去. 金乃報恩之鄕豪, 而精於醫術者也. 金光希實繼至曰, "頃爲京友尹商霖所挽, 往復泉留三日乃還, 山中草木蒙鬱, 溪澗絶流, 不足觀也". 僕與子順, 欲挽希實而去, 則辭曰, "尹公今往寓西原之王菴, 與余讀書有約矣. 非吾措置, 則尹公不敢安下矣. 今者歷見君輩, 陳其所由, 恨不與諸君同探未盡之興也, 然明日當還矣. 吾家乃在卯山之後, 回程時使人通之, 則可以相見矣". 僕等 "唯唯" 而去.

距縣東五里有山, 周邊古城環繞, 號烏頂山城卽三年山城也, 築之三年訖功故名. 石築延衺, 今半頹圮. 昔倭亂時所築, 內有五井. 高麗太祖十一年, 自將擊此城不克, 遂幸靑. 卯山下有軍藏洞, 世傳, "太祖屯兵地" 也.

山城

古城迢遞繞層巔
往事凄涼客黯然
鰈海頑童輕一國
鳥山粉堞築三年
高譙慘憺纏兵氣
荒塹蒼茫鎖野烟
地下英雄無處酬
夕陽搔首女墻邊

日午踰馬峴, 峴路鋪薄石, 縈紆三四里. 諺傳, "麗朝嘗幸俗離山, 時所治御路"焉. 入三淸洞, 下馬坐溪畔. 溪水淸冽, 樫枝覆岸, 數罟得婢魚數十尾. 晝飯後, 黑雲滃滃, 微雨絲絲. 先是, 數月不雨, 千里龜坼. 今日沾濡, 民物可蘇, 相與慶. 天公不已, 遂具雨裝而前.

入山

幅巾藜杖向屛顔
攀石穿林窈窕間
休道山靈嫌俗客
嵐光迎步出松關

洞古有桃花縣, 有八橋九遙之號. 高僧涵虛堂信如有詩云,

"三淸洞有九重遙, 一帶溪流八處橋"是也. 山之兩崖, 紆餘開豁, 自彼望之遙遙, 疑其地之盡, 而至則又望遙遙, 如此九轉而乃抵法住寺, 故名九遙. 九遙之中一水回環八折, 每曲有橋, 故曰八橋, 曰渡雲·曰平昇·曰翠暎·曰燕支·曰盖皐·曰挿月·曰屛風, 傍有水黔碧所謂屛風淵也. 曰水晶乃寺前第一橋也. 上有飛閣, 人從閣中行, 今閣廢而橋存焉.

水晶橋

曲岸長橋穩枕溪
行天人影鏡中低
半輪仄暈沈潭月
三丈橫腰飮澗霓
碧色倒涵山屐濕
寒聲斜傍火筇迷
慇懃爲報淸冷水
可洗東華脚底泥

路逢一僧, 被緇負鉢而來. 子順諦視之, 乃石巖寺僧性一, 將遊方于商山也. 子順還率, 而行自洞遴迤三十里.

到法住寺, 以十一樑, 飾以垂栱, 左右有金剛神二軀. 有門額曰, '大法住寺', 羅時所釘也. 世傳, "新羅法興王時, 僧義信以騾駄經而來, 始建此寺". 法興王新羅第二十三代王也. 卽位之十四年丁未, 始行佛法, 而義信載經而來. 古詩有云, "經來白馬寺, 僧到赤烏年". 盖西方色白, 以佛法成於西域, 故駄經用白馬白騾, 未必不爲此也歟. 至聖德王重修, 距法興僅二百餘年也.

門前有鑄銅幢, 樣甚高, 一面刻云, '統和二十四年(宋 眞宗 景德 三年 丙午)造'. 統和遼聖宗(名 隆緒)年號也. 高麗成宗 十三年, 廢宋淳化始行契丹, 統和則至穆宗卽位之九年, 乃統和之丙午也. 西隅有高巖, 其上有塔, 曰, '驃骨塔'. 諺云, '白驃 斃', 拾遺骨建此塔. 沙門內三四步餘, 有五層殿, 制度甚奇古. 中堅高柱出于上層, 其柱末戴一圓石, 範鐵如軫, 貫以鐵戟, 高十餘尺. 其傍架椽爲屋, 刻木爲雲窟, 環柱列佛, 有欲登覽者, 由其中攀緣, 宛轉以上, 則通于上層矣. 子訒登二層, 以奧昏而止. 簷角懸風鐸, 微風觸之, 錚錚然, 聲在半空. 五層如塔, 故又號木塔. 自層閣而西有殿, 弘敞巨麗號珊瑚殿. 有彌勒丈六像鑄像, 新羅舊殿頹毀, 金神露在多歷年耶. 厥後重創架構, 雖不及舊, 礎基然宏壯, 無與爲儷. 去辛酉年今住持學寧重修, 丹艧炳煥, 璇題映日.

庭前有石鐏. 鐏口鑲以闌干種蓮器也, 今破不用. 又有長明燈, 有僧凞文, 休糧絶粒以供香火. 自層閣北左有觀音殿, 中有藥師殿. 右有彌勒殿, 殿有金剛神. 轉入東廊, 壁掛俗離山天王神像並畵金雞黃牛. 其神每年十月寅日, 下降于法住寺, 山中之人, 設樂迎神, 以祀之, 留四十餘日乃還. 卓上有銅馬鐵牛, 羊豕十餘頭, 羅列于前斜. 入六七步, 中峙鐘閣. 閣上懸一大鐘, 晨昏所警也, 有皮鼓無木魚. 庭中有銅長明燈. 佛殿有銅像, 西壁掛十王幀軸, 未盡地獄刀山釰樹之狀.

東出沿溪, 而上有鐵釜·石甕·石槽. 子訒大而以輕捷自許, 先尋訪見, 而還以誇之. 僕與子順滯自雲僧, 冒雨同尋, 所謂釜槽者, 鐵釜則其深, 可容水千盆. 石槽量以布帛尺, 其長九尺, 其廣四尺有九寸, 其深二尺有二寸, 所以貯水. 西顧叢薄之中, 有甕劈積而無當. 僕謂子順曰, "子訒輩必遺此物矣". 還到僧舍, 鋪張厥奇, 子訒大而反恨其遺見一座哄堂.

西有水精峰, 其上有石如龜, 自然天成. 其背可坐五十人, 其頭昂然西揭. 諺傳, "術士見之曰, '中原玉帛日輸東國者, 果此物使然也'. 斷頭而禳之". 東有碁子臺, 南有天柱峯, 北有炭項.

昔新羅時, 佛法初興, 齊氓盡爲緇流, 層樓傑閣輝暎崖谷. 每月朔, 飯僧千億于大法住寺. 入齋時, 撞鐘于水精峯上, 環山數十里, 持鉢赴齋如雲而聚. 古有藏獲, 至我世宗朝革罷, 且租稅猶存焉. 藏義住持自雲爲余道之如是.

僕等初欲留宿此寺, 待雨晴將往福泉. 至則僧殘, 寺古墻傾壁破, 人跡罕行, 庭草蕪沒, 子順曰, "庭荒屋陋, 不可留宿", 昏黑復到福泉矣.

法住寺

陰雲催客邁
溪畔少遲留
矯首睇林杪
層閣露上頭
塵心忽昭曠
詎側遊興遒
入門見突兀
木塔凌斗牛
風鈴饒晩語
似慰巖谷遊
結構在羅代
行宮臨冕旒

紺園與碧殿
玉琢金雕鏤
當時闡玄教
叢林多比丘
白月盛缾錫
法雲長蔭床
優雲時一出
往事空悠悠
褐來裏季後
頹圮庭宇幽
禪堂少掃除
破榻塵蒲幬
殘僧倚壁睡
老㒵如禿鶖
爲問窟中佛
宴坐今幾秋
却強塵世人
妄想逐風漚
多生邱壑趣
放浪窮冥搜
宿覺法無住
離俗會眞流
擲筆一長嘯
綺語誰敢酬

僕等彷徨之際, 住持學寧餉以水飯. 飯訖向福泉, 路傍有宮址蕪沒. 僧言昔新羅哀莊王重修時行所也. 哀莊卽古王也, 歷代崇奉可知矣.

于時細雨霏微, 淡靄叢山. 綠陰交加, 仰不見天, 殘溜淋漓點滴人衣. 循澗而上樹益老谷益邃, 奇巖巨石縱橫側列, 蘚封蔓結. 佳木異草, 上偃房綴, 水流其下, 琴筑琮琤. 特爲幽麗有木花白而葉厚, 山人號曰木蓮也. 有山躑躅盛開, 葉圓而花色淡紅, 下映碧澗, 眞勝景也.

屋閣微露林杪, 僕謂寺不遠至, 乃水砧屋也. 依巖築堞架屋三間, 安杵其中. 杵末縱鑿如桶, 以受注水束引水于槽, 水滿則杵傾而自然擣之. 傳曰, 杵臼之智, 不如機舂, 僧家皆用此水舂, 而設於寺傍者也. 此寺設機於道側, 就水之易引也.

到福泉寺, 高杉老檜陰覆石塔佛前僧房, 籠山絡谷金碧相映, 眞精舍也. 門內有廣庭, 鋪以薄石, 圍以短垣. 西有禪堂, 甚淸塏. 中有僧堂, 壁上有光廟御記單以碧紗, 又有金乖崖後記. 佛堂後構二層殿, 號極樂殿, 扁以金字. 殿有金佛, 梁縣珠蓋. 有壁掛八難圖, 安堅筆也, 歲庚子.

世宗大王不豫, 文宗大王世祖大王招集淨侶, 至誠精勤, 果獲靈應. 諸宗室爭出金帛, 乃成阿彌陀佛三像. 慧覺尊者信眉來相是寺, 乃撤而新之, 邀安三佛於此. 天順八年二月, 光廟巡狩于忠淸道, 大駕到淸州留二日, 踰皮嶺道懷仁. 庚戌駐蹕于報恩屛風松下, 辛亥命諸宗宰扈駕, 上幸是寺, 日正午. 上御袞龍袍, 親詣佛前獻香, 且命緇徒是日爲始定三十三員爲上堂, 大設法會. 仍給田藏獲俾爲常住香火之資. 僧堂有老衲, 克孚唄音惠元, 佛前香火僧思悶也. 僧堂西夾室乃燈谷和尙,方丈也封鑰甚固. 和尙今住錫直指寺, 歲一到, 故寺僧尊之, 不敢開也. 是夕宿于禪堂, 堂僧性印一精兩師. 眉目淸粹, 精神灑落, 可與談話矣. 印師號可巖也.

次性印卷子詩韻贈之

定力謝囂紛
焚香對夕薰
精神元脫俗
眉目更超群
淡淡心如水
飄飄跡似雲
松門淸鎖月
世事不曾聞

贈一精

雲山掛鉢養淸眞
幾見松江問路人
却笑忽忽緣底事
綠陰幽處暫逡巡

殿東有巨巖, 巖底泉淸冷流出石縫, 旱不渴雨不溢. 刻石引下穿于墻底, 接箭分派, 上自齋廚下至溷閣, 無不周遍, 寺之取名以此.

福泉寺

路入雲山中
寺在烟蘿上
嵌谷深窈窱
泉石愜心賞
微風颯爾至
松火氣蕭爽
幽華發巖紅
殘磬出谿響
冲襟學淸機
嘯傲託長往
從玆謝塵累
庶遂煙霞想

石縫淸泉

石罅吐寒碧
琤琤如濺珠
涵雲淸客枕
漱日入僧廚
繞砌分茶鼎
當窓潤藥壺
憑誰乞餘瀝
洗耳此踟躕

十九日(戊戌), 朝灑雨多風

僕等以草露猶泫巾屐沾濕, 未克遊覽, 乃與寺僧戲打成佛圖. 午後與一精, 自福泉步下, 見向所謂水砧. 少憩, 僧惠元持酒肴及器繼至, 遂熨酒于石上. 惠元以腹疼還寺, 乃與一精向東而上, 石澗幽絶, 沙水淸冷蒼筠夾. 徑古木盤崖路極斗絶, 三休而上.

到歡喜庵, 庭有靑塔五層, 堂有畫佛. 南峰兀起, 絶壁削成. 諺云, "壁上斷藏金佛, 近世金工利其貨潛作機鑿, 取爲僧輩所覺而遁". 庵有比丘智允行正敬賢, 而敬賢則僕等入山時, 秣馬于馬峴下, 有馬奔逸, 有僧追捉騎而馳去, 僕等指以倭僧而笑之, 此其僧也. 被緇整巾形容端正, 不似往日追馬時唐突也.
東有細泉, 流出石眼, 淙淙然流入石桶. 堂前懸小鐘, 鐘面畵八卦畵雙龍. 子順撞之, 其聲淸遠. 西壁上有秀菴信眉記, 畧曰, "有庵基介懸崖之下, 未知創於何代而廢於何時也. 石巘擁其後, 群峯抱其前. 道人海惠奔走檀那, 始役于丙辰春, 畢功于己未秋云云".
觀畢遂率敬賢, 由庵而北折一里許, 有巖高十餘丈, 其上東邊宛然有流水之痕. 其下穹窿頭尾枕石, 而虛中僅可入. 入其內兩石相撑, 上屋盖如簀簹叢生. 令僮僕斬數十竿, 而出轉過一崗, 崗頭斗立. 下臨其地, 凜凜不可久留, 遂緣崖而下.

到迦葉菴, 庵有老僧, 重聽不可與言矣. 到淸凉窟, 窟下架屋三間. 西墻有巨石, 上可坐三四人, 巖邊有三檜, 蒼蒼枝幹凌霄. 壁有山僧徹鑑咏檜律詩及五言絶句, 有不食僧. 菴後有石卓立如笏形, 甚奇怪.

到下高庵, 庵壁上有山人允義重修記. 畧曰, "崖岪屼而鳥飛上下, 路崎嶇而人行. 躑躅松欲老, 而半天庵羅星而卦空山, 爲天下之靈庵, 爲一山之最奇蹤, 異迹其駭孔多. 古俗相傳云, '昔有三人, 結契棲禪. 庵之西側有奇巖, 一日龍般到其下, 三人登而西去, 因以名之曰龍般臺也. 又有倭賊入洞, 空中有物攔胸而退之, 由是聞者感歎'. 柳氏募山人法敏, 經營於丙申, 丹艧於丁酉, 慶讚於庚子. 又畵純金彌陀佛, 重修措于堂奧, 丁酉其年也. 辭曰, '嶙峿層巒聳碧天, 粧金精舍隱靑岑, 崖懸有軸長生畵, 瀑響無絃太古琴, 火宿篆盤烟寂寂, 雲間牕欖月沈沈, 栖霞禪衲停三毒, 住錫鶉衣悟一心, 松籟淸音醒意氣, 桂輪寒影照虛襟, 欲知卓立功多少, 湛湛蒼波萬丈深'". 東墻下有紅牧丹一叢方開.

出門日將昏, 林影沈沈, 暮色蒼然自遠而至. 將謀行金剛窟以畢餘興, 一精以天下止之, 子訒子順不顧而走. 乃與大而攀巖而下, 徑路極絶, 靑樹翠蔓, 蒙絡搖綴. 巖邊石蕈始生. 過圓寂庵, 故基階砌猶存. 精師云, "有老僧道明者, 結土屋住今三十年矣". 遂達浮屠臺, 浮屠面刻'秀庵和尙塔'五字. 秀庵乃信眉號也.

光廟臨御, 崇信佛敎, 封信眉爲慧覺者, 與學悅·學祖出入宮禁, 榮寵無比, 世稱三和尙. 信眉道價獨高, 光廟尊禮以待勢焰薰天關節行焉. 晚年住于此寺, 示寂後, 侍者奉遺骨舍利若干枚, 貯于石鐘而建此塔也.

　與大而待子順輩, 已而先到福泉. 食頃子順子訒隨至, 乃達金剛而回也來云, "窟有僧一圓·信覺, 方其始至子訒, 扣扉剝啄, 僧人驚起顚倒而出. 其門外有紅牧丹, 路邊有大栗木". 是夕復宿于福泉.

二十日(己亥), 晴

朝送馬于法住寺, 携印·精·元三師, 向達摩庵, 憩于石上. 攀危藤展側逕行, 東峰之巓下而復上乃至庵. 堂有金佛一軀, 冠帶儼然如帝王像. 壁掛彌羅幀, 上有光廟御讚曰, "圓明本眞覺, 卽是名極樂, 靈光十方耀, 慧澤三際洽, 稽首心頂禮, 讚揚夫何極, 遠追優塡福, 恭依佛所囑, 示靈留三痕, 錫恩賜荷葉, 有緣共造像, 同獲十王德".

左掛半身金佛畵幀, 乃燈谷和尙所施也. 金字讚曰, "日出連山, 月圓當戶, 不是無身, 不欲全露". 西有小房淸灑, 壁上有絶句, 乃延太守夢與所題也. 詩曰, "空山黃葉響颼颼, 寒殿無僧也晚秋, 客借蒲團成倦臥, 一竿松月照淸幽", 語意有味. 香卓上有古銅爐, 以絲金雕縷用金剪子書銘曰, "一切有爲法, 如夢幻泡影, 如露亦如電, 應作如是觀". 庵僧玉蟾·性浩·希尙也.

自達摩向文藏臺, 踰小嶺下從崖, 沿溪採石薄, 葉厚而圓味酸而滑. 有山躑躅盛開, 或未開英者, 山中之氣谷邃而逾晚矣. 遂攀緣崖, 路枯木橫仆, 翠篠環擁, 不見罅隙. 俯仰其間, 不自知其身之高而地之迥, 直可以旁日月而臨風雨也. 非雅意林泉不憚勞苦者, 則不能至也.

亭午登歇岡頭, 打飯後, 達文藏臺. 臺南有文藏菴古臺, 曾爲山火所爇殘風, 破磚散擲林間矣. 到臺下, 疊石天成, 嶙峋崛崒, 不知其幾千丈. 回視所歷群山, 皆撫其頂, 高下之勢, 呀然洼然, 若垤若穴, 攢蹙積累, 尺寸千里, 莫得遯隱也. 南有一巨石如覆鐘, 高可十餘尺, 與臺石相峙而立. 其間僅三四步, 有橫跨木橋, 長七八尺, 皆側栢木也. 攀橋而一失勢, 則兩崖之間, 性命難保焉.

僧性·一先登, 子訒惠元相次而升. 僕與子順大而, 彷徨久之, 子訒力勸之, 乃相繼而上焉. 其廣可坐三十人, 有坎如鑊十餘處, 雨則坎中有水盈溢, 分爲三派, 東流爲洛東江一派, 南流爲錦江一派, 西流爲達川. 本朝騎牛子(卽藝文館大提學, 文簡公李行, 字周道也), 能辨水味以達川水爲第一, 而世之所傳, 如此目睹, 恐非實然也. 東望聞慶曦陽山尙州四佛山, 南望甲長山星州金烏山伽倻山金海黃鶴山, 西望錦山西臺山高山大芚山公州雞龍山, 北望老陰山環山. 數百里可以俯視, 而是日風亂, 諸山陰映於昏靄之中. 玆臺尤宜於高秋. 晚霽纖靄卷盡, 直見漢都之三角全羅之智異.

心魂驚悸, 不可久留. 子順大而先下, 而僕與子訒從焉. 把臂垂足纔履下, 巖咸有欣笑之狀, 子順題名于石. 轉而北遇有泉, 澄黑不溢不渴. 旋西折而下, 坐曲溪少憩飮酒.

抵成佛庵, 門墻頹落, 空殿凄涼. 自燕山朝, 刷僧撤刹, 凡名山巨岳佛宇多空, 而成佛棟宇輪奐而無僧已久矣.

文藏臺

踏穿寒翠靠層雲
身馭冷風出垢氣
披豁便迓遊汗漫
清都咫尺喚眞君

自成佛轉巖, 而上踰短岡, 遂失路. 乃披叢火石角鉤衣條蔓刺眼微徑難澁, 到大菴, 石泉淸冽, 乃盥面. 入羅漢殿, 十六羅漢形容甚曜有山澤之姿. 佛殿有金佛三軀, 李悌孫所成也. 僧堂坐身幀一軸, 禪堂有觀音像, 下誌宣德年嬪奉氏所施也. 主僧道圓思湜雪竿信恩也.

遂與惠元向法住寺, 路左有高巖, 槎枒突兀如在半天, 名曰, 鬼巖. 諺傳, "天僧一千鬼僧一千, 共成俗離寺, 各立標石以志厥功. 天僧先擧一石, 置于高峰, 乃文藏臺也, 鬼僧聞之慚忸, 棄其所持石于溪, 故名之", 此不經之說不足道也. 僕等乘興脚力愈健, 扣杖相戲, 馳走而下. 將至山麓, 巨石當路, 有竇如門, 名曰, 內門. 僮奴等持馬先待于此, 乃捨杖騎馬而行.

贈杖有辭

再拜木上座
敬謝託元師
崎嶇山水間
朝夕慣攜持
鏗然常在手
班卽縿過省
穿雲入幽竇
挑月倚禪枝
擉碎蛇虺毒
拄過樹石危
賴爾恣幽討
歷艱從所之
扶顚良已勤

濟勝功不訾
縱堪靈壽賜
豈效夸父遺
爾莫學變化
爲龍向葛陂
好在雲山裏
他年更相隨

循崖而下, 又有石竇, 比內門差大. 從洞口而出, 名藍巨刹, 接屋連墻, 頹階圯橋, 遺基尙存, 想其幢盖磬鼓增山盈谷.
　到法住寺夜宿. 禪堂有行芬師, 善談話稍屬文. 髫時居漢都藏義洞, 與子順同里閈, 談昔日之事如在目前. 自出家今已二十餘年, 不知第宅幾換主人物今是非. 僕問曰, "何謂曹洞·臨濟", 師曰, "六祖惠能始以勞苦服役, 卒受五祖弘忍信具, 遁隱南海上, 又十六年度其可行, 乃居曹溪弘演, 佛法曰, 臨濟·潙仰·曹洞·雲門·法眼等五宗, 今臨濟宗獨盛. 吾東方祖師, 皆襲臨濟, 懶翁無學俱師指空. 無學初見指空, 指空笑曰, '高麗僧都殺了'. 無學未喩其言, 厥後我太祖太宗兩宮相和, 無學之功居多矣". 言論疊疊不已, 窓月已三更矣. 僕倦甚將就睡, 子順方覺臥, 復與師申前所說, 夜闌師歸方丈.

出山

萬壑松聲滿袖携
嫩雲深處任扶藜
火尻石室能無恙
他日重尋也不迷

二十一日(庚子), 晴

朝芬師作詩來贈, 詞語可觀. 僕與子順卽步韻答之, 相別而行.

次芬師韻答之

芬師德性尊
禪林多英聲
偃錫法住寺
湛湛雲水淸
山中忽相逢
意氣何輕盈
泉石事幽討
勝遊酬平生
紛紛綠蘿月
照徹心目明
相思渺如許
悵望雲山靑

次韻 子順

越嶺緣崖下

山昏已鐘聲
相逢皆款款
惟君最多情
夜分淸語激
洋洋兩耳盈
自喜惟同閒
慇懃說平生
諄諄情未已
山月到窓明
不奈分袂去
惆悵數峰靑

還蹄馬峴到卯山, 伻人于金君希實之家, 以報不入訪之由. 直到廢院後川邊, 晝飯後, 子順欲訪親戚, 先歸于報恩之西村, 僕與子訒大而同蹄車衣峴, 路逢兪俊, 馬上暫話而別. 過懷仁至院前川邊, 待子順, 久之乃來. 子順馬上先占一絶誦之.

次子順

跲踭偪側越重關
始信人間行路難
坐待淸溪天欲暮
相逢一笑過前山

原韻

溪邊十里九間關

越嶺穿林路更難
却憶同行三傑子
計程今已到仁山

子順·大而踰墨峴而歸, 僕與子訓踰皮嶺抵家, 日已昏黑矣.

答德翁

領略溪山分外奇
歸來胸次絶餘噫
從今可伴棲霞子
松石幽盟底處期

入山三日試留連
塵跡還爲浣洞天
轉覺林巒難喚做
窅然如夢竟誰傳

原韻

君輩尋幽富得奇
多魔我事捻堪噫
重遊勝地夫何急
新上藏臺愧負期

南鎭天正智異連
雲藏風倚聳于天

分明雁作詩千首
多少林鶯仔細傳

俗離山乃白頭南股之蜿蟺, 在新羅時稱俗離岳, 躋中祀. 攢青戛碧九峰突然, 亦名九峰. 岡陵重回崖谷吞吐有內外之山, 眞芝葯棲禪之膩地. 僧寮佛利碁布星列, 可謂盛矣. 內山以福泉爲中而東自歡喜迤迤而北由金剛窟至大庵. 外山自法住至兜率諸庵是也, 僕等因世故, 不得探討外山是可恨也. 菁川元老錄幷附弊帚焉.

3부
부록

柳希齡의「遊俗離山錄」고찰*

金容男

要約 및 抄錄

 이 글은 조선전기의 문인 柳希齡의「遊俗離山錄」에 대하여 살펴본 것이다. 이 작품은 필자가 현재까지 확인한 俗離山遊記 중 가장 이른 시기의 작품으로, 1511년 4월 17일부터 21일까지 4박 5일의 俗離山 유람에 대한 이야기이다. 서문에 이어 유람의 준비·실행·총평 등 3단계의 서술 방식을 취하였으며, 遊山記 사이사이 遊山詩를 삽입하여 전체적으로 산문과 시가 어우러진 구성을 보인다. 이중 遊山記는 노정에 따라 보고 들은 것과 유람 과정에서 만난 사람들의 이야기를 매우 구체적으로 기술하였다. 특히 여러 암자를 탐방하며 얻은 많은 정보를 담고 있는 이 작품은, 속리산을 오르며 암자를 방문하려는 이들에게 매우 유익한 踏査記이다. 한편 24수의 遊山詩를 통해 본 속리산은 仙界로 상징된다. 그리하여 속리산은 한번 유람하는 것만으로도 세속의 번뇌를 씻고 청정한 마음을 간직하기에 더할 수 없이 좋은 산이며, 擬仙의 기분에 사로잡혀 진정 자유로운 방랑의 유람을 이룰 수 있는 곳이다. 또한 속리산은 수많은 암자를 탐방하며 스님과의 詩交를 통해 脫俗의 세계에서 정신적 자유를 얻을 수 있는 곳이다.

※ 核心語: 柳希齡, 遊俗離山錄, 俗離山遊記, 俗離山, 遊山記, 踏査記, 遊山詩, 仙界, 脫俗

1. 머리말

본고는 16세기 초에 창작한 柳希齡(1480~1552)의 「遊俗離山錄」을 발굴 소개하는 것을 목적으로 한다. 이 작품은 필자가 현재까지 확인한 俗離山遊記 중 가장 이른 시기의 작품이며,[1] 산문인 遊山記에 운문인 遊山詩를 포함하여 애초 편집 과정을 거쳐 單本으로 印刊한 작품이라는 점에서도 주목을 요한다.

필자는 일찍이 조선후기 선비들이 속리산을 유람하고 남긴 俗離山遊記에 관심을 갖고 연구한 바 있다.[2] 또한 조선전기 문인들이 속리산을 유람하고 남긴 遊山詩를 통해 속리산에 대

---

* 이 논문은 『어문연구』 187호(한국어문교육연구회, 2020)에 게재된 것임.

1. 최근 김미란이 총 20편의 속리산 유산기를 소개 정리한 바 있는데, 柳希齡의 이 작품은 포함되지 않았다. 김미란(2019), 「조선후기 속리산 유산기에 나타난 유람의 양상과 의미」, 〈한국문학과 예술〉 29, 숭실대학교 한국문학과예술연구소, p.137.

2. 拙稿(2005), 「조선후기 俗離山遊記에 나타난 산수관」, 〈개신어문연구〉 23집, 개신어문학회; 拙稿(2009), 「이상수의 俗離山遊記에 드러나는 議論의 강화와 그 특징」, 〈고전문학과 교육〉 제17집, 한국고전문학교육학회; 拙著(2009), 『옛 선비들의 속리산기행』, 국학자료원.

한 유람자들의 공간 인식과 아울러 그들의 의식세계를 살펴보았다.[3] 물론 필자가 그동안 살펴본 조선후기 俗離山遊記의 작가 중에도 산문과는 별도로 시를 남긴 경우가 있었지만, 柳希齡처럼 遊山記 사이사이 遊山詩를 넣어 속리산유산록으로 편집하여 하나의 책으로 발간한 경우는 없었다.[4]

柳希齡은 세조 때 靖難·佐翼功臣으로 녹훈되어 工曹參判이 된 증조 柳宗植(? ~1474)이 벼슬을 사임하고 淸州 文義 荊江 아래 黃崗村[5]으로 퇴거한 이래 그곳에서 나고 자랐다. 22세인 1501년(연산군 7) 진사가 된 후 1516년 문과에 급제하여 藝文館 檢閱 겸 春秋館 記事官으로 翰苑에 들기까지 꽤 오랜 기간 암자 등을 찾아 공부하였다.[6] 속리산 유람은 한창 공부하던 시기인 1511년(중종 6)에 이루어졌으며, 이때 그의 나이 32세였다. 유람에 참여한 이들은 당시 文義에 살았던 사람들로, 이들 역시 柳希齡과 마찬가지로 대개 소과에 급제 후 대과

---

3. 拙稿(2012), 「속리산 遊山詩에 나타난 속리산의 공간 인식」, 〈한국사상과 문화〉 제61집, 한국사상문화학회.
4. 본고에서 자료로 한 것은 현재 그의 문집에 포함되어 있는 것이나, 차후 單本 『遊俗離山錄』이 세상에 드러나길 기대한다.
5. 黃崗村은 현재 청주시 서원구 현도면 노산리 궁골[궁동]이다. 柳宗植은 晉州 柳氏 伯參判公派의 파조이자 청주 文義 입향조이다.
6. 柳希齡은 주로 化林精舍에 머물며 독서하였다. 化林精舍는 청주 洛迦山에 있었던 化林寺를 말한다. 1508년 李光祖·李碩祖 형제와 함께 이곳에서 공부하였고, 1512년에는 당시 14세이던 圭菴 宋麟壽가 찾아와 배우기도 하였다. 柳希齡, 『四翰林集』 권6, 「戊辰夏, 與德曜德翁, 同寓化林寺, 次德曜韻」; 宋麟壽, 『四翰林集』 권8, 「送夢菴柳公希齡之燕」 참고.

를 준비하는 친구들이었다.

柳希齡이 속리산을 유람하게 된 동기는 우선 謝靈運의 아취를 사모하여 산수 간에서 놀며 得失에 대한 생각을 잊고 싶었기 때문이다. 거기에 속리산은 기이하고 특이한 자취가 남쪽에서 으뜸이라는 점과 역대 군왕들의 御駕가 머문 곳이라는 점이 柳希齡과 그의 벗들로 하여금 직접 가서 보고 감상하는 바람을 갖게 하였다. 그리하여 1511년 2월에 속리산을 유람하기로 약속하고 그해 4월에 유람을 결행하였으며, 그로부터 14년 후인 1525년(중종 20)에 『遊俗離山錄』을 印行하였다. 이처럼 柳希齡이 속리산 유람에 관한 기록을 하나의 책으로 출간한 배경에는 무엇보다 평소 그의 활발한 저술·편찬 활동이 있는 듯하다. 이에 본고에서는 우선 柳希齡의 저술·편찬 활동과 유고를 살펴본 후, 「遊俗離山錄」의 전체 구성과 「遊俗離山錄」 속 산문인 遊山記와 운문인 遊山詩의 구체적인 내용과 의미를 살펴 학계에 소개하는 기회로 삼고자 한다.

2. 柳希齡의 저술·편찬 활동과 遺稿

柳希齡은 조선전기의 문신으로 字가 元老·子罕이고 號는 夢菴·夢窩이며 본관은 晉州이다. 천성이 지극히 효성스럽고 덕

행이 탁월하였으며 經學을 천명하였다. 그의 학문은 대개 가정에서 얻은 것으로 견문이 넓고 도학이 고명하였다. 또한 일찍이 조부 柳文通(1438~1498)[7]과 부친 柳仁貴(1463~1531)[8]로부터 물려받은 詩文에 대한 탁월한 재능은 평소 활발한 창작과 속리산 유람에서 보여준 詩文의 꼼꼼한 기록과 편찬 활동으로 드러났다. 스스로 "일찍이 詞壇을 엿보아 시문학에 심취하여 문을 닫고 정원의 길도 쓸지 않고는 책을 안고 즐거워하였다"[9]고 하였듯, 오랜 세월 시문학에 대한 열정과 功力을 한국과 중국의 漢詩文選集을 편찬하여 간행하는 일을 통해 유감없이 발휘하였다. 이처럼 문필에 재능이 있었던 柳希齡은 특히 시를 잘 지어 聖節使로 北京에 갔을 때에도 그곳에서 시로 이름을 떨쳤다.

柳希齡은 37세인 1516년(중종 11) 가을 별시문과에 급제하고 이해 11월 예문관 검열 겸 춘추관 기사관이 된 후 사헌부 감찰·공조좌랑·병조좌랑 등을 역임하였다. 그러나 1519

---

7. 柳文通: 자는 貫之 호는 槐亭이다. 1460년 문과 급제 후 司諫院 司諫 겸 春秋館 編修官을 거쳐 尙州牧使를 지냈다. 부인은 德水李氏로 군수 李抽의 딸이다. 『晉州柳氏世譜』참고.
8. 柳仁貴: 자는 子榮 호는 睡齋이다. 1496년 문과 급제 후 弘文館 修撰으로 翰苑에 들고, 司諫院 正言으로 폐비윤씨의 추숭을 반대해 懷德에 유배되었다. 중종반정으로 풀려나 大司成을 거쳐 禮曹參議에 이르렀다. 부인은 星州李氏로 현감 李長生의 딸이다.
9. 早窺詞壇, 成癖詩閫, 閉門却掃, 抱書自娛(柳希齡, 『四翰林集』권9,「進大東詩林箋」)

년 기묘사화에 季父 柳仁淑(1485~1545)[10]이 화를 당하자 文山[文義] 동쪽[11]으로 퇴거하였다. 이듬해 다시 正言으로 추천, 1523년 端川郡守에 이어 1524년 12월 7일 榮川郡守가 되었다. 이듬해인 1525년(중종 20, 46세) 여름에 『唐宋聯珠詩格附錄』와 『遊俗離山錄』을 印刊하였고,[12] 1527년 『祖宗詩律』·『蘇詩抄』를 편찬 간행하였으며, 45세인 1524년부터 49세인 1528년 사이에 『詩憲源流』·『宋詩正韻』·『歷代文選』을 편찬하였다. 이후 63세인 1542년(중종 37) 4월 7일 『大東詩林詩格』 즉 『新編類聚大東詩林』과 『大東聯珠詩格』을 편찬하여 임금께 올리고 간행하게 하였으니,[13] 오랜 세월 오로지 詩文選集 편찬에 몰두하였던 인내와 내공을 엿볼 수 있다. 이와 같이 柳希齡이 한국과 중국의 각종 한시선집을 편찬할 수 있었던 것은, 그의 남다른 시적 역량과 중국과 한국의 다양한 시선집류에 대한 폭넓은 독서경험, 그리고 비평적 안목이 있기

---

10. 柳仁淑: 자는 原明 호는 靜叟이다. 1510년 식년문과에 병과로 급제하였다. 기묘사화 때 조광조 일파로 투옥되었다가 풀려났고, 1537년 다시 서용되어 병조참의·대사헌·공조판서 등을 역임하였다. 1545년 우찬성이 되었는데, 소윤파의 모함 탄핵으로 유배 후 사사되었다. 이이의 상소로 신원 복관되고 文貞이라 賜號되었다.
11. 현재 청주시 상당구 가덕면 노동리 고지동으로 여겨진다. 이곳은 당시 文義縣 東面 지역이다.
12. 柳希齡, 『四翰林集』 권9, 「年譜」, "是歲印遊山錄".
13. 柳希齡의 한시선집 편찬에 대해서는, 황위주(1995), 「夢菴 柳希齡의 漢詩選集 編纂」, 〈한국한문학연구〉 19, 한국한문학회 참고.

에 가능하였다.¹⁴

柳希齡은 1542년 4월 『大東詩林詩格』 撰進을 마치고 5월 27일 聖節使로 北京에 갔다. 7월 23일 명 황제가 '東國에 인물이 있다'고 칭찬하자, 중국인들이 다투어 와서 그를 보고 운을 불러 시를 구하여 이에 응대하였다. 이로써 文名을 중국에까지 널리 떨치고 11월 18일 復命하였는데, 이때 지은 「北上行草」가 전한다. 이듬해인 1543년 5월 工曹參議가 되었고, 66세인 1545년 을사사화로 화를 당한 계부 유인숙에 연좌되어 錦山에 부처되었다. 1552년 73세로 금산 적소에서 생을 마쳤고 文義 西面 宮洞에 장사지냈다. 1570년 신원 복관되었고 1694년 청주 德川書院에 배향되었다. 부인은 丹陽禹氏로 參奉 禹審言의 딸이다.

柳希齡의 유고는 단독 문집으로 간행한 것이 아니라 『四翰林集』 속 夢菴公篇으로 존재한다.¹⁵ 夢菴公篇은 『四翰林集』 권

---

14. 황위주(1995), 위의 글, pp.253~255.
15. 『四翰林集』은 처음 柳仁淑의 玄孫 柳興道가 1637년 柳文通과 그의 장남 柳仁貴 및 사남 柳仁淑, 그리고 손자 柳希齡의 시문 등을 모아 엮었다. 네 사람 모두 문과에 급제하고 翰苑에 들어 세칭 '柳門三世四翰林'이라 칭송되었다. 그 후 1832년 柳興道의 7대손 柳榮健이 원본에서 빠진 것을 예전 현인들의 문집에서 찾아 다시 엮었다. 그 후 유문통의 14대손 柳哲秀(1883~?)가 伯父 柳遠式의 명을 받아 諸宗과 협력하여 마침내 펴낸 것이 초간본(목판본)이다. 본고는 이 초간본을 영인한 것으로, 1980년에 간행한 『晉州柳氏貞公派世譜』에 수록된 『四翰林集』 속 夢菴公篇을 주 자료로 하였다. 아울러 1993년에 간행한 『晉州柳氏文獻總輯』 권1에 수록된 필사본 『四翰林集』 속 夢菴公篇을 대조 참고하였다. 이것은 柳希齡의 12대손 柳觀秀(1846~1886)가 필사한 것이다.

5~권9에 걸쳐 있다. 권5는 우선 四言詩 4수와 五絶 50제 85수가 있다. 林億齡과의 교유를 살필 수 있는 것과 스님들과의 교유를 엿볼 수 있는 시가 대부분이다. 이어 五律 43제 50수로 「遊石巖寺」·「和叔父靜叟秋日卽事四詠」·「早春晴望次叔父靜叟韻」 등 문의에 있는 절에서 읊은 것과 숙부 유인숙의 시에 화답한 것이 있다. 이어 五言古詩 45제 49수로 「化林寺」·「木山詩贈李上庠碩祖德翁幷序」 등 청주의 化林寺에서 공부할 때 지은 것과 德翁 李碩祖에게 준 것이 몇 수 있다. 권6은 우선 六言詩 1수에 이어 七絶 88제 180수이다. 속리산 道行 스님에게 준 시와 1508년 李碩祖 형제와 화림사에 머물 때 차운한 것이 있다. 이어 七律 59제 76수로 「和家君命題錦山映碧樓八詠」·「奉賡家君月峯寺八詠」·「次君美近體詩」 등 부친과 벗 辛世彦과 주고받은 시와 이밖에 七言古詩 25수이다.

권7은 산문과 시로 구성한 「遊俗離山錄」인데, 그 중 시가 24수이다. 권8은 聖節使로 중국에 다녀올 때의 감회를 읊은 「北上行草」인데, 서문에 이어 시가 총 190제 213수이다. 이어 沿道里數와 同行人員을 적었고, 益城 黙齋·湖陰 鄭士龍·圭菴 宋麟壽·忍齋 洪暹·畢齋 朴光佑·林塘 鄭惟吉·秋坡 宋麒壽·松岡 趙士秀 등 31명의 使行 贈別詩를 붙였다. 권9는 「進大東詩林箋」·「聯珠詩格附錄敍」·「祭思齋金正國文」 등 文 5편과 부록으

로 「年譜」, 1557년 禹行言(1540~1588)[16]이 지은 「墓誌銘」, 金履永이 지은 「畿湖儒生請德川院賜額疏」 등이다.[17]

3. 「遊俗離山錄」의 구성과 내용

柳希齡의 「遊俗離山錄」은 초고를 바탕으로 새로 편집하여 애초 하나의 책 형식으로 출간한 만큼 맨 앞에 서문이 있다.

지난 신미년(1511)에 子順과 함께 동천을 유람하기 위해 복천사에서 자고 문장대에 올랐다. 그윽하고 좋은 경치를 찾아 5일 동안 상하 백리를 다니며 무릇 지나면서 듣고 본 것에 흥을 부치고 의탁한 바를 시로 읊었다. 비록 일시적인 작품으로 능히 공을 다하진 못하였으나 또한 가히 후일의 참고가 될 것이다. 주머니 속에 간직해 둔 수십 편이 거칠게 다니는 중에 이미 연기를 넘겼다. 금년 봄에 龜城郡守로 부임하였는데 人政의 고달픔이 험하고 더불어 마음에 맞는 사람이 없다. 돌아보면 신령스런 봉우리의 경계에서 天遊하던 것이 별처럼 흩어져 비록 거듭 옛 흔적을 찾고자 옷을 떨쳐도 산마루가 멀어 얻을 수 없으니, 미루어 생각하는 느낌에 臥遊의 흥을 일으키는 것이 어찌 없으리. 한가한 날 초고를 점검하여 별안간 졸렬한 글이 활자를

---

16. 禹行言: 자는 敬信이고 본관은 丹陽이다. 진사를 거쳐 무과에 급제한 후 長湍都護府使와 사헌부 장령을 지냈다. 正德 3년 靖國原從功臣 1등에 錄券되었다. 『丹陽禹氏靖平文肅公派世譜』 참고.
17. 필사본 『四翰林集』 夢菴公篇은, 권4는 시 605수, 권5는 「遊俗離山錄」・「北上行草」・文・年譜・遺事 등이 다.

얻게 되었으니, 인쇄하게 하여 함께 유람한 제군들에게 나누어 부치려고 한다. 嘉靖 4년(1525) 淸和節 元老가 서문을 쓰다.[18]

위 서문에서 밝혔듯, 柳希齡은 32세인 1511년 朴命孫[19] 등 친구들과 함께 속리산 문장대에 올랐다. 속리산의 그윽하고 좋은 경치를 찾아 5일 동안 다니며 듣고 본 것에 흥을 부치고 의탁한 바를 시로 읊었다. 유람하며 일시적으로 지은 것이기에 공을 다하진 못했지만, 후일의 참고가 될 것이라는 점에 의미를 두었다. 이때 후일의 참고란, 본인에게는 두고두고 臥遊의 자료가 될 것을, 또 후손이나 독자들에게는 차후 속리산 유람의 지침이 될 것을 의미한다. 그러나 그 후로 오랜 시간 신경을 쓰지 못하였는데, 마침 龜城郡守[榮川郡守]로 있던 1525년 봄에 조용히 옛일을 돌아볼 기회를 가졌던 듯하다. 그리하여 속리산에서 天遊하던 생각에 미쳤고, 자연스레 오래전에 써둔 작품을 꺼내 읽으며 스스로 臥遊의 자료로 삼고, 내친김에 활자로 인쇄하여 당시 함께 유

---

18. 往在白羊之歲, 與子順同爲洞天之遊, 宿福泉登文藏. 尋幽探奇, 經行五日上下百里, 凡爲耳目所歷興寄所托發於吟詠. 雖一時之作, 不能盡工, 亦可爲異日之效焉. 倒囊得數十篇貯之, 行籢中已逾年紀. 今年春, 剖符龜城簿領, 陷人政罫, 無與會心者. 回視靈巘界天遊似星散, 雖欲重尋舊跡振衣, 岡頭邈不可得, 則寧無追想之感而起臥遊之興乎. 暇日檢得草藁, 輒課菲詞得活字, 倩工印之, 分寄同遊之諸君云. 嘉靖四年淸和節元老引(柳希齡, 『四翰林集』 권7, 「遊俗離山錄并引」)
19. 朴命孫: 자는 子順이고 본관은 咸陽이다. 1507년 진사가 되었고 1513년 문과에 급제한 후 司憲府 執義를 지냈다. 부친은 군수 朴以恭이다.

람했던 벗들에게 나누어 주기로 한 것이다. 이렇게 해서 柳希齡의 속리산유산록은 1525년 4월 당시 하나의 작은 책자로 발간되었다.

당시 이 작품이 印刊되었다는 사실은 매우 중요한 의미를 지닌다. 비록 서문에는 함께 유람했던 친구들에게 부치려고 한다고 소박하게 표현하였지만, 일단 인쇄되어 유포된 이상 그 후 많은 독자층을 형성하였으리라는 가정은 어렵지 않기 때문이다. 실제 柳希齡의 손자 柳之程이 1573년 4월 3일, 그리고 증손 柳興龍이 1621년 4월 2일 속리산을 유람하였는데, 특히 柳興龍은 증조와 부친의 속리산유산록을 지참하여 두 기록을 참관하며 깊이 탐구하였다.[20] 그 후 청주 栗峯郵官이었던 南夢賚(1620~1681)가 1654년 3월에 친구들과 속리산을 유람하고 1655년 11월 「遊俗離山錄」을 지었고,[21] 文義에서 활동한 吳再挺(1641~1709)이 1693년 9월에 속리산을 유람하고 「遊俗離山錄」을 남겼다. 특히 吳再挺은 유산의 동기가 같고,[22] 또 후술하겠지만, '八橋九遙'에 대한 자세한 설명 등, 정

---

20. 柳興龍의 문집에 이때 지은 시가 6수 있는데, 시 말미 夾註에, '三代에 걸친 4월 속리산 유람의 전통'에 대해 각별한 의미를 부여하였다. 柳興龍,『塾翁遺稿』,「閔先世遊山錄」, "四月遊山三世同, 有如天佑窅冥中, 參觀二錄窮探地, 多少林巒次第通"; "曾王考夢庵府君以正德辛未四月十七日遊是山, 先君子以萬曆癸酉四月三日遊是山, 吾以今天啓辛酉四月二日續遊".
21. 이 작품은 현재 柳希齡 다음으로 이른 시기에 지은 것인데, 우선 표제가 같고 구성 또한 흡사하다.
22. 오재정은 속리산 유산의 동기로, 사령운의 아취를 사모하여 산수 간에서 노

황상 柳希齡의 이 작품을 참고하지 않고서는 쓸 수 없는 내용을 담고 있다. 이처럼 印刊되어 후손과 일반 독자들에게 널리 읽혀 두고두고 속리산 유람의 지침이 되고 또한 조선후기 속리산유기의 창작에 영향을 미친 점이 柳希齡「遊俗離山錄」의 문학적 의의이다.

서문에 이어 본격적으로 속리산 유람에 대한 글이 시작되는데, '유람의 준비→유람의 실행→유람의 총평' 등 3단계의 서술 방식을 보인다. 첫 번째 '유람의 준비'로, 유람을 결행하기까지 저간의 사정을 알 수 있는 글부터 시작한다. 여기에는 유람의 동기와 목적, 그리고 유람에 참여한 사람들을 간략히 소개하였다. 이때 유람에 참여한 사람은 柳希齡·朴命孫·禹愼言·金聖童 등 모두 4명이다. 두 번째 '유람의 실행'으로, 산행 날짜와 날씨를 간략히 적은 후 산행 중 보고 듣고 경험한 것을 구체적으로 기록하였다. 서문에서 얘기했듯, 5일간 상하 百里의 속리산 유산 이야기가 펼쳐지는데, 遊山記 사이사이 遊山詩를 삽입하여 전체적으로 산문과 시가 어우러진 구성을 보인다. 날짜별로 간단히 정리하면 다음과 같다.

닐며 근심과 즐거움의 경계를 잊고자 함과 역대 군왕들의 수레가 머문 영험한 산인 속리산에 직접 가서 감상해보고 싶었음을 적었다. 吳再挺,『寒泉堂遺稿』,「遊俗離山錄」참고.

날짜 및 날씨	노정	활동 및 특징
4월 17일, 맑음	代谷→水落巖→皮嶺→懷仁官→溪邊→盤松→車衣峴→廢院→報恩縣 公館	-詩作:「水落巖」·「責德翁」·「皮嶺」·「春浴行」·「懷仁縣」·「盤松」·「車衣峴」·「三山樓次板上韻」
4월 18일, 흐림	報恩縣 公館→烏頂山城(三年山城)→馬峴→三淸洞→法住寺→福泉寺	- 三淸洞에서 性一 스님 만나 법주사 동행 - 學寧 스님과 복천사 방문 -詩作:「山城」·「入山」·「水晶橋」·「法住寺」·「次性印卷子詩韻贈之」·「贈一精」·「福泉寺」·「石縫淸泉」
4월 19일, 아침에 비가 내리고 바람이 많이 붐	福泉寺→歡喜庵→迦葉庵→淸凉窟→下高庵→金剛窟→圓寂庵→浮屠臺→福泉寺	一精 스님과 동행
4월 20일, 맑음	福泉寺→達摩庵→文藏臺→成佛庵→大庵→鬼巖→內門→法住寺	- 性印·一精·惠元 스님과 동행 -詩作:「文藏臺」·「贈杖有辭」·「出山」
4월 21일, 맑음	法住寺→馬峴→卯山→廢院→집	- 詩作:「次芬師韻答之」·「次子順」·「答德翁」

마지막으로 '유람의 총평'이다. 총평 부분에서는 속리산에 대한 간단한 소개와 함께 전체적으로 유람에 대한 소감을 밝혔다.

1) 4박 5일의 俗離山 遊山記

여기서는 「遊俗離山錄」 중 산문으로 이루어진 遊山記 부분만을 따로 떼어 살펴보고자 한다. 우선 맨 앞에 '유람의 준비'로 유람을 실행하기까지 저간의 사정을 알 수 있는 글이다.

정덕 신미년(1511) 봄 2월은 진사 朴命孫 子順과 내가 모두 秀士의 무리에서 떨어져 있을 때인데, 자순이 급하게 장모상에 달려가는 나를 찾아와 보게 되었다. 함께 燕山[文義]에 이르러 謝靈運의 아취를 사모하여 산수 간에서 노닐며 서로 득실의 지경을 잊고 싶었다. 속리산은 三山을 진압하듯 있어 기이하고 특이한 자취가 남쪽에서 으뜸이라고 들었고, 일찍이 역대 군왕의 어가가 머문 곳이라 대개 가서 보고 감상하는 것이 평소의 바람이었다. 禹愼言 子訒이 듣고 박자를 맞추어 찬성할 줄 어찌 알았으랴. 子訒이 일선(一善)으로 가서 오래도록 돌아오지 않아 子順과 속리산행을 도모하니, 답하여 말하길, "이것은 나의 평소 뜻이었네. 감히 나중을 기약하랴" 라고 하였다. 이때 子順은 고을 수령의 막내아들 金聖童을 데리고 見佛寺에서 글을 읽고 있었다. 김성동 역시 진사이고 자는 大而이다. 출발하기로 약속한 날 또 진사 李碩祖 德翁, 진사 金弼基 公亮, 진사 辛世彦 君美가 함께 가기로 하였고, 子訒도 一善에서 돌아왔다. 기약한 날이 왔는데 함께 가지 못하고, 홀로 子順과 大而가 관아로부터 墨峴을 넘고, 나와 子訒은 代谷으로부터 皮嶺을 넘어 회인현에서 만나기로 미리 약속하였다.[23]

윗글에 의하면, 1511년 2월 柳希齡과 朴命孫이 謝靈運의 아

---

23. 正德辛未春二月, 上舍朴命孫子順洎僕俱黜於論秀之列, 子順急於來覿僕奔外姑之喪. 俱到燕山, 乃慕康樂之趣, 思欲徜徉於山水之間, 相忘於得失之境. 聞俗離山之鎭在三山, 奇蹤異跡冠于南紀, 歷代君王所嘗駐蹕, 蓋往觀之以償平昔之願乎. 禹愼言子訒聞而擊節贊成其事何料. 子訒有一善之行, 久而不返, 乃謀其行於子順, 答曰, "此吾素志也, 敢後期耶". 子順爲城主季胤挈金聖童讀書于見佛寺, 金亦上庠而字大而也. 約日戒行, 又與李上庠碩祖德翁·金上舍弼基公亮·辛上舍世彦君美同約, 而子訒還自一善. 至期餘, 皆不果赴, 獨子順大而自官廨踰墨峴, 僕與子訒自代谷越皮嶺, 準期于懷仁縣(柳希齡, 『四翰林集』 권7, 「遊俗離山錄」)

취를 사모하여 산수 간에서 노닐며 서로 得失에 대한 생각을 잊고 싶은 마음에 속리산을 유람하기로 하였음을 알 수 있다. 謝靈運이 좌천되어 永嘉太守로 내려간 뒤 산수 좋은 石門山에서 시를 지으며 遨遊했던 고사가 있다. 이때 두 사람은 아직 문과에 오르지 못한 상태였다. 이들에게도 하루속히 登科하여 宦路에 오르고픈 욕망은 있었을 터, 그러나 그렇지 못한 현실에서 옛날 사령운이 석문산에서 좌천의 근심을 잊고 산수를 즐기며 오유하였듯, 그들 또한 속리산의 산수를 즐기며 인생의 성공과 실패, 出處行藏에 대한 생각을 잠시라도 잊고 싶었던 것이다. 거기다 속리산은 기이하고 특이한 자취가 남쪽에서 으뜸이라는 점과 역대 군왕들의 御駕가 머문 곳이라는 점이 이들로 하여금 직접 가서 보고 감상하는 바람을 갖게 하였다. 이렇게 속리산 유람의 출발은 처음 柳希齡과 朴命孫 두 사람에게서 비롯되었고, 여기에 禹愼言(1482~1547)[24]이 두 사람의 이야기를 듣고 찬성하였고, 또한 당시 朴命孫과 함께 문의 九龍山에 있는 見佛寺에서 독서하였던 金聖童[25]이 참여

---

24. 禹愼言: 자는 子認 호는 黙齋이며 본관은 丹陽이다. 충청도관찰사 禹希烈의 증손이며 찰방 禹夏英의 아들이다. 생원·진사시에 합격하고 利仁察訪을 지냈다. 孝行과 學行이 있었고 역학에 더욱 밝아 당시 학자들이 모두 그를 宗師로 삼았다. 기묘사화 때 관직을 버리고 文義에 은거하였다. 사후 德川書院에 배향되었다.『丹陽禹氏靖平文肅公派世譜』참고.
25. 金聖童: 자는 大而이고 본관은 光山이다. 고조는 직제학 金若時이고 부친은 左通禮 金磌이다. 1510년 진사가 되었는데, 伯兄 홍문관 검열 金神童과 聯璧이다. 중형은 감찰 金大童이다.『光山金氏直提學公派譜』참고.

하였다. 이밖에 李碩祖[26]·金弼基[27]·辛世彦[28]이 함께 가기로 하여 처음에는 7명이 속리산 유람을 약속하였으나 막상 출발 당일에는 4명만 함께 하였다. 이들 네 사람은 당시 문의에 살면서 자주 교유하였던 벗인데, 혼인 관계로 인해 더욱 가까운 사이였다.[29] 이날 朴命孫과 金聖童은 文義縣 관아로부터 墨峴을 넘고, 柳希齡과 禹慎言은 代谷으로부터 皮嶺을 넘어 懷仁縣에서 만나기로 미리 약속하였다. 이처럼 '유람의 준비' 단계에서는 유람의 동기와 목적, 그리고 유람의 참여자와 출발 방법에 대한 정보를 담고 있다.

다음은 '유람의 실행'으로 1511년 4월 17일부터 21일까지 4박 5일의 속리산 유람에 대해 매우 구체적으로 기술하였다. 날짜와 날씨를 간단히 적은 후, 노정에 따라 보고 들은 것과 유람 과정에서 만난 사람들의 이야기가 매우 소상하다.

4월 17일의 기록은 출발 이야기부터 시작한다. 柳希齡과 禹慎言이 말을 빌려 장차 떠나려할 때 李碩祖가 달려와 皮嶺[30]

---

26. 李碩祖: 자는 德翁이고 본관은 洪州이다. 1504년 진사가 되었다.
27. 金弼基: 자는 公亮이고 본관은 慶州이다. 부친은 감찰 金楗이다. 1507년 생원이 되었다.
28. 辛世彦: 자는 君美이고 본관은 靈山이다. 부친은 安州牧使 辛祖義이다. 1507년 생원·진사 兩試에 합격하였다.
29. 柳希齡의 장인 禹審言과 禹慎言·禹行言은 從兄弟 간이다. 그러므로 柳希齡에게 禹慎言은 妻堂叔, 禹慎言에게 柳希齡은 從姪壻가 된다. 한편 朴命孫은 金聖童의 伯兄 金神童의 처남으로, 두 사람은 사돈 간이다.
30. 皮嶺은 皮盤大嶺이라 하였고 고을 북쪽 15리에 있다. 고갯길이 아홉 번 꺾이어 가장 높고 위험한 곳이다. 『新增東國輿地勝覽』, 忠淸道 懷仁縣.

아래서 기다려 달라는 말을 하였는데, 그곳이 바로 水落巖이다. 그러나 정오가 되었는데도 李碩祖가 오지 않자 더 이상 기다리지 못하고 두 사람이 먼저 피령을 넘었다. 그 후 柳希齡과 禹愼言이 朴命孫·金聖童과 합류한 곳은 회인현 동쪽 10리쯤 노변에 있는 盤松이다. 이들은 이곳에서 술을 마신 후 나란히 말을 타고 車衣峴을 넘어 廢院에 이르러 길에서 靑山太守를 만났고, 땅거미에 報恩縣 公館에 도착하였다. 마침 보은 수령은 다른 군에 차견[承差]되어 자리를 비운 상태였고, 편지를 보내 金光[31]·李光祖[32]에게 알린 후 三山樓에 올라 율시 한 수를 읊었다.

4월 18일, 아침에 보은현 공관에서 태수를 만나 절구 한 수를 지어 올린 후 떠나기 전에 金起文과 金光을 만났다. 柳希齡과 朴命孫이 金光에게 속리산에 함께 가자고 했으나 사양하며, 자기의 집이 卯山 뒤에 있으니 돌아오는 길에 만나자고 하였다. 일행은 공관을 출발하여 烏頂山城[三年山城]을 보고, 한낮에 馬峴을 넘어 三淸洞으로 들어갔다.

---

31. 金光: 자는 希實 호는 壯庵이고 본관은 慶州이다. 부친은 호조정랑 金孝貞이고 동생은 冲菴 金淨이다. 1519년 기묘사화에 동생이 화를 당하는 것을 보고 속리산 서쪽 壯庵洞에 은거하여 학문에 전념하였다. 저서로 『壯庵集』이 있으나 전하지 않는다.
32. 李光祖: 자는 德曜이고 본관은 洪州이다. 1498년 진사가 되었고 王子師傅를 지냈다. 德翁 李碩祖의 형으로 보은에 거주하였다.

골짜기[三淸洞]에는 옛날 桃花의 고을이 있고 八橋九遙의 이름이 있다. 고승 涵虛堂 信如의 시에 이르기를, "삼청동에 아홉 번 구부러짐이 있고, 한 줄기 시냇물 여덟 곳에 다리가 있네"가 이것이다. 산 양쪽 언덕이 빙빙 둘러 넓어져서 이쪽에서 저쪽을 바라다보면 멀고 멀어 마치 땅이 끝인 것처럼 의심스럽다가, 거기까지 가서 바라보면 또 멀고 멀어 이렇게 아홉 번 구부러지다가 비로소 法住寺에 닿기 때문에 이름을 九遙라고 한다. 九遙 속에 한줄기 물이 돌고 돌아 여덟 번 꺾여 둘렀는데, 매 구비 다리가 있기에 八橋라고 한다. 渡雲 · 平昇 · 翠暎 · 燕支 · 盖皐 · 揷月 · 屛風인데, 옆에 검고 푸른 물이 있으니 소위 屛風淵이다. 水晶橋는 절 앞의 첫 다리로, 다리 위에 飛閣이 있어 사람들이 이 閣 속으로 다녔는데 지금은 閣은 무너지고 다리만 남아 있다.[33]

당시 三淸洞은 속리산 말티재[마현]을 지나 현재 상가 밀집 지역인 사내리 마을을 지나면서 법주사에 이르는 곳을 아울러 일컬은 듯하다. 지금도 이곳은 구불구불 넓은 시내가 법주사까지 이어진다. 柳希齡은 이곳에 八橋九遙[34]의 이름이 있

---

33. 洞古有桃花縣, 有八橋九遙之號. 高僧涵虛堂信如有詩云, '三淸洞有九重遙, 一帶溪流八處橋'是也. 山之兩崖, 紆餘開豁, 自彼望之遙遙, 疑其地之盡, 而至則又望遙遙, 如此九轉而乃抵法住寺, 故名九遙. 九遙之中, 一水回環八折, 每曲有橋, 故曰八橋. 曰渡雲·曰平昇·曰翠暎·曰燕支·曰盖皐·曰揷月·曰屛風, 傍有水黔碧所謂屛風淵也. 曰水晶乃寺前第一橋也, 上有飛閣, 人從閣中行, 今閣廢而橋存焉 (柳希齡,『四翰林集』권7,「遊俗離山錄」)
34. 속리산 아래 八橋九遙에 대한 이야기는『新增東國輿地勝覽』에 자세하다. 그런데 여기서는 팔교 중 水精橋만 소개하여 나머지는 알 수 없었다. 필자가 속

다고 하면서 渡雲·平昇·翠暎·燕支·盖皐·揷月·屛風·水晶을 차례로 제시한 후, 법주사 앞에 있는 水晶橋가 첫 다리라고 하였다. 이로써 당시 삼청동에 접어들면서 아홉 번 시내가 구부러지고, 渡雲橋부터 水晶橋까지 그곳에 놓여 있던 八橋의 모습을 상상할 수 있다. 일행은 이때 길에서 商山을 유람하려는 문의 石巖寺의 性一 스님을 만났는데, 그를 돌려 이끌어 함께 삼청동으로부터 구불구불 30리를 가서 법주사에 도착하였다.

(ㄱ) 이때 가랑비가 조용히 내리고 옅은 안개가 산에 모였다. 녹음이 서로 더하여 올려다 봐도 하늘이 보이지 않는데, 남은 낙수가 흘어 떨어져 사람 옷을 적신다. 계곡물을 따라올라가니 나무는 더욱 오래된 것이고 골짜기는 더욱 깊으며 기이한 바위와 큰 돌이 종횡으로 옆에 벌려 있는데 이끼가 뻗어 맺혀 있다. 아름다운 나무와 기이한 풀은 위로 얽히어 쓰러져있고, 물이 그 아래로 흐르는데 거문고 소리처럼 쟁글쟁글하다. 특별히 그윽하고 아름다운 곳에 나무가 있는데, 꽃이 희고 잎이 두터워 山人이 부르기를 木蓮이라 한다. 산에는 철쭉이 성하게 피었는데 잎은 둥글고 꽃은 담홍색이다. 아래 푸른 시냇물에 비치니 참

리산유기에서 八橋의 이름을 확인한 것은 1693년에 창작된 吳再挺의 「遊俗離山錄」이다. 그런데 柳希齡의 작품은 오재정의 것보다 182년 앞선다는 점에서 자료적 가치 또한 크다고 하겠다. 이처럼 柳希齡 이후 그 어떤 속리산유기에서도 찾아볼 수 없었던 八橋의 이름을 온전히 기록하고 있는 점과 앞서 살펴본바 유산의 동기가 같고 표제가 동일하다는 점에서도, 오재정이 同鄕인 柳希齡의 「遊俗離山錄」을 읽고 참고했을 가능성은 매우 크다고 하겠다.

으로 승경이다.[35]

(ㄴ) 절 문 안에 넓은 뜰이 있는데 얇은 돌이 펼쳐있고 둘레를 낮은 담으로 둘렀다. 서쪽에 禪堂이 있는데 매우 깨끗하고 넓다. 가운데 僧堂이 있는데 벽 위에는 세조가 다녀간 기록이 푸른 깁에 있고, 또 金乖崖가 뒤에 기록한 것이 있다. 불당 뒤에 2층으로 지은 전각이 있으니 極樂殿이라 하는데 편액을 金字로 하였다. 극락전에 金佛이 있고 들보에 양산이 걸려 있다. 벽에 八難圖가 걸려 있는데 安堅의 필체로 해는 庚子年이다. (중략) 僧堂에 비구 스님이 있는데, 범패 소리 부합하는 이는 惠元이고, 부처님 앞에 향을 올리는 이는 思冏 스님이다. 승당 서쪽 협실은 燈谷和尙이 계시던 곳인데, 스님의 마음 단속은 매우 굳다. 스님께선 지금 直指寺에 주석하고 계시며 한해 한 번 오시는데, 절의 스님들이 존경하니 감히 협실을 열겠는가. 이날 저녁 禪堂에서 잤는데, 선당에는 性印과 一精 두 스님이 계셨다. 눈썹과 눈이 맑고 순수하고 정신이 깨끗하여 가히 이야기할만 하였다. 性印 스님은 호가 可巖이다.[36]

---

35. 于時細雨霏微, 淡靄叢山. 綠陰交加, 仰不見天, 殘溜淋漓點滴人衣. 循澗而上, 樹盆老谷盆邃, 奇巖巨石縱橫側列, 蘚封蔓結. 佳木異草, 上偃房綴, 水流其下, 琴筑琮琤. 特爲幽麗有木, 花白而葉厚, 山人號曰木蓮也. 有山躑躅盛開, 葉圓而花色淡紅. 下映碧澗, 眞勝景也(柳希齡, 『四翰林集』 권7, 「遊俗離山錄」)

36. 門內有廣庭, 鋪以薄石, 圍以短垣. 西有禪堂, 甚淸塏. 中有僧堂, 壁上有光廟御記單以碧紗, 又有金乖崖後記. 佛堂後構二層殿, 號極樂殿, 扁以金字. 殿有金佛, 梁縣珠盖. 有壁掛八難圖, 安堅筆也, 歲庚子. (中略) 僧堂有佛衲, 克孚唄音惠元, 佛前香火僧思冏也. 僧堂西夾室乃谷和尙, 方丈也封鑰甚固. 和尙今住錫直指寺, 歲一到, 故寺僧尊之, 不敢開也. 是夕宿于禪堂, 堂僧性印一精兩師. 眉目淸粹, 精神灑落, 可與談話矣. 印師號可巖也(柳希齡, 『四翰林集』 권7, 「遊俗離山錄」)

㈀은 법주사에서 밥을 먹은 후 學寧 스님의 안내로 福泉寺를 찾아가는 과정을 그린 것이다. 가랑비가 내려 옅은 안개가 낀 산과 골짜기의 모습, 그리고 그 가운데 목련과 철쭉의 자태 등, 유람 과정에서 본 것을 눈앞에 펼쳐놓듯 매우 세세하고 구체적으로 묘사하였다. ㈁은 복천사에 대한 것이다. 복천사의 전체적인 모습과 그곳에서 본 세조·金守溫과 관련한 기록, 安堅의 八難圖, 그리고 그곳에서 만난 스님들과 學祖 燈谷和尙에 대한 얘기 등을 매우 세세히 기록하였다. 그리하여 다소 장황하나 柳希齡의 유산기는 복천사를 방문하려는 이들에게는 충실한 답사 안내서가 된다.

4월 19일, 아침에 비가 내리고 바람이 많이 불어 유람을 하지 못하고 스님과 함께 장난 삼아 成佛圖를 쳤다. 오후에는 一精 스님과 함께 복천사로부터 아래로 걸어 내려가 물레방아를 보고 동쪽으로 꺾어 암자 몇 곳을 탐방하였다.

歡喜庵에 이르니 뜰에 5층 탑이 있고 법당엔 불화가 있다. 우뚝하게 솟은 남쪽 봉우리는 절벽을 깎아 만든 것이다. 민간에 전해오기를, "벽 위 끊어진 곳에 金佛을 감추어 두었는데 근세에 장인 김씨가 그 재화를 모으기 위해 몰래 뚫어, 스님들이 그것을 깨닫고 취하여 숨겨두었다"라고 한다. (중략) 동쪽에 가는 샘이 있는데, 돌구멍에서 흘러나와 石桶으로 흘러 들어간다. 법당 앞에 작은 종이 매달려 있는데, 종 표면에 八卦와 雙龍이 그

려져 있다. 자순이 치니 그 소리가 맑고 멀었다. 서쪽 벽 위에 秀菴 信眉의 기록이 있는데, 대략 말하길, "암자의 터가 벼랑 아래에 걸려 있으니, 어느 대에 창건하고 어느 때에 폐하였는지 알지 못한다. 돌 봉우리가 그 뒤를 안았고 여러 봉우리가 그 앞을 안았다. 道人 海惠가 시주하여 丙辰年 봄에 역을 시작하여 己未年 가을에 마쳤다"라고 한다.[37]

歡喜庵[38]에 대한 것이다. 柳希齡이 이날 환희암에서 본 것은, 뜰에 있는 5층 탑과 법당에 있는 불화, 동쪽에 있는 샘, 법당 앞의 작은 종, 서쪽 벽 위에 있는 암자의 창건·중창과 관련한 信眉大師의 기록 등이다. 특기할 만한 것은, 암자 남쪽에 있는 우뚝하게 선 바위봉우리와 관련된 이야기이다. 이 바위봉우리는 현재 '鶴巢臺'로 불린다.[39] 歡喜庵이 上歡庵으로, 그

---

37. 到歡喜庵, 庭有靑塔五層, 堂有畵佛. 南峰兀起, 絶壁削成. 諺云, "壁上斷藏金佛, 近世金工利其貨潛作機鑿, 取爲僧輩所覺而遁". (中略) 東有細泉, 流出石眼, 淙淙然流入石桶. 堂前懸小鐘, 鐘面畵八卦畵雙龍. 子順撞之, 其聲淸遠. 西壁上有秀菴信眉記, 畧曰, "有庵基介懸崖之下, 未知創於何代而廢於何時也. 石巘擁其後, 群峯抱其前. 道人海惠奔走檀那, 始役于丙辰春, 畢功于己未秋"云云(柳希齡, 『四翰林集』 권7, 「遊俗離山錄」)
38. 歡喜庵은 현재 上歡庵이다. 1630년에 처음 엮어 이후 법주사 주지에게 대대로 전해진 법주사 사적기인 『俗離山大法住寺』에도 上歡庵이라는 庵名은 보이지 않고 다만 上歡喜庵·中歡喜庵만 있다. 어느 땐가 歡喜庵의 규모가 커졌다는 것인데, 이 중 上歡喜庵이 지금의 上歡庵이 된 듯하다. 金昌翕(1673년)·宋相琦(1709년)·李夏坤(1716년)의 遊山詩에도 歡喜庵이라 하였다. 『俗離山大法住寺』, 법주사 소장; 金昌翕, 『三淵集拾遺』 권6, 「上歡喜」; 宋相琦, 『玉吾齋集』 권17, 「南遷錄」; 李夏坤, 『頭陀草』 冊6, 「東臺望歡喜庵有感」 참고.
39. 어쩌면 金昌翕이 1673년에 지은 遊山詩에서, '鶴巢臺'라는 이름과 함께 학과 관련한 전설의 탄생을 예고했다고 볼 수 있다. 金昌翕, 『三淵集拾遺』 권

리고 환희암의 남쪽 바위봉우리가 鶴巢臺로, 아울러 학소대와 관련하여 위 柳希齡이 밝혀 적은 내용과는 다른 전설이 등장한 첫 번째 유산기는 1727년에 李萬敷(1664~1732)가 지은 「俗離山記」이다.[40] 이로 보아 현재 上歡庵이라는 암자 이름과 암자 남쪽의 바위를 鶴巢臺라 부르며 玄鳥·仙鶴과 관련한 이야기가 본격적으로 전승된 것은, 적어도 18세기 이후라는 것을 알 수 있다.[41]

4월 20일, 일행은 아침에 말을 법주사로 보내고 性印·一精·惠元 세 스님과 함께 達摩庵을 향했다. 법당에서 金佛 1구와 세조가 찬한 벽에 걸린 彌羅의 그림, 그리고 燈谷和尙이 시주한 半身金佛畵를 보았다. 또한 서쪽 작은 방 벽 위에 있는 延太守의 꿈에 쓴 절구를 보고, 향탁 위에 오래된 구리 향로에 아로새긴 것을 보았다. 그리고 그곳에서 玉蟾·性浩·希尙 스님

6, 「上歡喜」, "高崖落雪掛松枝, 溪日淸姸布影奇, 行近東菴休且憶, 赤城靑鶴少遊詩"; 「次遊歡喜菴, 用前韻」, "百仞松垂壁, 千年鶴有臺, 丹丘身卽到, 羽盖首猶回, 地籟淸非竹, 天花落似梅, 悠然天際想, 不用世間盃".

40. 李萬敷, 『息山集別集』권4 地行錄, 「俗離山記」, "雖疲而喘, 遇輒仰睇, 可駴可愛, 巖隙棲小庵曰上歡. 橫看壁面斗巖, 架大卧石, 石上戴數松, 膠屈礧砢, 名曰鶴巢臺. 昔遊蓬萊, 觀金剛臺, 居僧云, '玄鳥時飛出其上, 入雲而還, 今不復見'. 如其舍彼宜於是巢, 俱無蹤可尋, 何也".

41. 鄭行錫도 학소대 바위 중간에 마치 입을 벌리고 있는 듯한 틈 구멍에 옛날 선학의 보금자리가 있었다고 한다고 하였다. 鄭行錫, 『芳谷集』, 「俗離南遊錄」, "瀑之稍北有鶴巢臺, 老石壁立千仞, 奇巖广在半腰而巖竇微呀, 古有仙鶴巢其穴云". 필자가 이 작품의 창작연대를 1634년이라 했던 것을 수정한다. 여전히 작가의 생몰연대를 알 수 없고, 무엇보다 내용 중에 宣禧宮 願堂과 純祖 胎室이 나온다는 점에서, 작품 말미 甲戌年은 1874년일 가능성이 크기 때문이다. 앞의 拙稿(2009), p.41.

을 만났다. 柳希齡은 암자를 답사하면서 작은 것 하나도 빼놓지 않고 기록하는 꼼꼼한 답사가의 면모를 충분히 드러내었다. 세조의 讚詩, 누가 지은 것인지도 알 수 없는 절구, 하다못해 향로에 새긴 글귀까지도 낱낱이 기록하였다. 이러한 점이 바로 柳希齡 속리산유산록의 자료적 가치이다.

한편 柳希齡은 '평소 뜻이 林泉에 노고를 꺼리지 않는 자가 아니라면 능히 이르지 못한다'는 말로 속리산 文藏臺 등정의 어려움과 그 가치를 강조하였다. 산행 자체가 힘든 여정이고, 더욱이 문장대를 찾아가는 길이 만만치 않다는 점을 감안하면, 예나 지금이나 임천에 대한 노고를 기꺼이 감내하지 않고는 어려운 일이기 때문이다.

문장대 아래에 이르니 포개진 돌이 자연으로 이루어졌는데 가파르고 험한 것이 몇 천 길인지 알 수 없다. 지나온 여러 산을 돌아보며 모두 그 꼭대기를 어루만지니 높고 낮은 형세가 딱 벌린 듯 깊이 들어간 듯 개밋둑 같고 구멍 같기도 하다. 산봉우리가 빽빽이 모여 쌓여 천 리의 한 자 한 치도 숨을 수 없다. 남쪽에 하나의 큰 돌이 종을 엎어놓은 것 같은데 높이가 가히 십여 척으로 문장대와 함께 돌이 서로 우뚝 솟아 서 있다. 그 사이 겨우 3, 4보에 나무를 걸쳐 다리를 놓은 것이 있는데 길이가 7, 8척으로 모두 측백나무이다. 다리를 잡고 한번 기세를 놓치면 곧 두 벼랑 사이로 생명을 보존하기 어렵다. 性印과 一精 스님이 먼저 오르고 子訒과 惠元 스님이 서로 그다음, 그리고 내가 올랐다. 나와 함께 자순과 대이는 오래도록 방황하다가 자인이 힘껏 권하자 이에 서로 이어 올랐다.[42]

문장대에 오르는 과정을 매우 실감 나게 묘사하였다. 종처럼 생긴 큰 바위와 문장대가 우뚝한데, 그 사이에 놓인 측백나무 다리를 건너 문장대에 오르는 위험천만한 과정은 읽는 사람도 손에 땀을 쥐게 한다. 다리를 잡고 한번 기세를 놓치면 곧 두 벼랑 사이로 생명을 보존하기 어려운데, 性印과 一精 스님이 먼저 오르고 禹愼言과 惠元 스님이 서로 그다음에 올랐다고 하였다. 특히 柳希齡과 朴命孫·金聖童이 오래도록 다리를 건너지 못하고 방황하였는데, 먼저 건넌 禹愼言이 힘껏 권하자 이에 서로 이어 올랐다고 하는 대목에서, 문장대에 한 번 오르는 것이 얼마나 큰 용기를 내야 하는 일인지를 알만하다.

일행은 이날 문장대에서 내려와 成佛庵을 지나 大庵에 이르러 羅漢殿에 있는 十六羅漢을 보고 李悌의 손자가 조성한 金佛 3구를 보았다. 또한 승당에 있는 坐身 그림 한 축을 보고, 선

---

42. 到臺下, 疊石天成, 嶙峋崒峯, 不知其幾千丈. 回視所歷群山, 皆撫其頂, 高下之勢, 呀然洼然, 若垤若穴. 攢麓積累, 尺寸千里, 莫得遯隱也. 南有一巨石如覆鍾, 高可十餘尺, 與臺石相峙而立. 其間僅三四步, 有橫跨木橋, 長七八尺, 皆側栢木也. 攀橋而一失勢, 則兩崖之間, 性命難保焉. 僧性一先登, 子訒惠元相次而升. 僕與子順大而, 彷徨久之, 子訒力勸之, 乃相繼而上焉(柳希齡, 『四翰林集』 권7, 「遊俗離山錄」)

당에 있는 관음상을 보았는데, 이 관음상은 1426년(세종 8) 세자빈 奉氏가 시주한 것이라고 하였다. 그리고 그곳에서 道圓·思湜·雪竿·信恩 스님을 만났다. 大庵을 둘러본 후 惠元 스님과 함께 법주사로 향하는 길에 鬼巖을 보고, 산기슭에 이르러 內門을 만났다. 이날 밤 법주사에서 자며 行芬 스님과 이야기를 나누었다.

 4월 21일, 유람의 마지막 날이다. 아침에 行芬 스님이 시를 지어 갖고 와서 주기에 柳希齡과 朴命孫이 곧 운자를 밟아 답을 하고 작별하였다. 馬峴을 넘어 卯山에 이르러 金光의 집에서 심부름하는 사람에게 방문할 수 없는 이유를 알리고, 곧바로 廢院 뒤 냇가에 이르러 점심을 먹었다. 이곳에서 朴命孫은 친척을 방문하고자 먼저 보은의 西村으로 갔고, 나머지 세 사람은 함께 車衣峴을 넘었다. 그리고 懷仁을 지나 院 앞의 냇가에서 朴命孫을 다시 만나 시를 나누었다.[43]

 다음은 유람의 총평이다.

> 속리산은 백두산의 남쪽 정강이에 서려 있는데, 신라 때는 俗離岳이라 불렀고 中祀에 올랐다. 짙푸른 아홉 봉우리가 우뚝하

---

43. 목판본에는 여기서 유산기가 끝나고 이어 柳希齡이 朴命孫의 시에 차운한 「次子順」과 「答德翁」 2수가 제시되었는데, 필사본에는 "子順과 大而는 墨峴을 넘어 돌아갔고 나와 子訏은 皮嶺을 넘어 집에 이르니 날이 이미 어두웠다"는 부분이 더 보태졌다. 柳希齡, 『四翰林集』 권5, 「遊俗離山錄」, "子順大而踰墨峴而歸, 僕與子訏踰皮嶺抵家, 日已昏黑矣".

여 또한 이름을 九峰이라 하였다. 산등성이를 거듭 돌아 벼랑과 골짜기가 뒤엉켜 內外의 산이 있으니, 참으로 비구[苾蒭]들이 살 선당으로 좋은 곳이라. 僧寮와 佛刹이 바둑처럼 벌려 있고 별처럼 널려 있어 가히 융성하였다. 내산은 복천사가 중심이 되어 동으로 환희암으로부터 구불구불 북으로 가다가 금강굴로부터 대암에 이른다. 외산은 법주사로부터 도솔암에 이르는 여러 암자인데, 우리가 세상일 때문에 외산을 탐구하지 못한 것이 한스럽다. 菁川 元老가 기록하고 아울러 弊帚를 붙인다.[44]

이상 총평을 통해 속리 내외의 산에 대해 간단히 소개하였다. 이어 外山을 탐구하지 못한 것이 한스럽다는 소감으로 글을 마쳤다. 柳希齡과 일행들이 이때 속리 內山의 유람에 그치고 외산까지 다 둘러보지는 못하였기에 그에 대한 아쉬움을 토로한 것이다.

2) 遊山詩에 드러난 속리산 유람의 흥취

柳希齡은 속리산을 유람하는 동안 곳곳에서 시를 지어 유람의 흥취와 현장감을 더하였다. 총 23제 24수이다.

---

44. 俗離山乃白頭南股之蜿蟺, 在新羅時稱俗離岳, 躋中祀. 攅青矗碧九峰突然, 亦名九峰. 岡陵重回, 崖谷呑吐, 有內外之山, 眞苾蒭棲禪之腴地. 僧寮佛刹碁布星列, 可謂盛矣. 內山以福泉爲中, 而東自歡喜逶迆而北, 由金剛窟至大庵. 外山自法住至兜率諸庵是也, 僕等因世故, 不得探討外山, 是可恨也. 菁川元老錄, 并附弊帚焉(柳希齡, 『四翰林集』 권7, 「遊俗離山錄」)

고달픈 인생 천지와 함께하니	勞生共乾坤
세상일 삼처럼 번거롭다.	世事劇如麻
청정세계에 있지 않으니	不有淸淨界
어찌 복잡하게 얽힌 것을 씻어낼까.	何以滌紛拏
내가 들으니 속리산은	吾聞俗離山
부용꽃처럼 솟아 나왔다고.	斲出芙蓉葩
신선이 사는 곳처럼 아득하고	三淸洞府遙
아홉 봉우리 어우러져 드높다고 하네.	九峯鬱嵯峨
그대가 별안간 중지하면	之子輒中止
자잘하고 쓸데없어 참으로 안타깝다네.	瑣冗良可嗟
어찌 집 하나를 일삼아	胡爲事一室
스스로 우물 안 개구리가 되려 하는가.	自作井底蛙
멋진 약속 삭막해지면	佳期成索莫
승경 유람 자랑을 자네가 견디겠는가.	勝游堪爾誇
목을 빼고 기다려도 그대 오는 것은 더딘데	引領遲子來
해는 기울고 길은 길고 멀구나.	日斜路長賖[45]

德翁을 나무라는 내용이다. 앞서 遊山記에서 보았듯, 柳希齡과 禹愼言이 代谷에서 출발하려고 할 때 德翁 李碩祖가 와서 皮嶺 아래 水落巖에서 기다려달라고 하였다. 그러나 기다리는 李碩祖는 오지 않고 대신 사람을 보내 기다렸다가 함께 출발하자는 말만 전하였다. 그런데 정오가 되었는데도 德翁이 오

---

45. 柳希齡, 「遊俗離山錄」, 「責德翁」.

지 않자 더이상 기다리지 못하고 두 사람이 먼저 피령을 넘었는데, 위 시는 이때 지은 것이다. 1~4구는 고달픈 세상살이의 힘겨움을 토로하며 속진에 찌든 몸과 마음을 씻어낼 방법을 궁리하는 모습을, 5~8구는 그 방법의 하나로 속리산을 찾게 되었음을 말하였다. 부용꽃처럼 솟아나온 아홉 봉우리가 어우러진 속리산이야말로 신선들이 사는 三淸洞으로, 한번 유람하는 것만으로도 세속의 번뇌를 씻고 청정한 마음을 간직하기에 더할 수 없이 좋은 산이라는 것이다. 그리하여 9~12구에서, 이왕 유람을 결심했다면 중간에 포기하지 말 것을, 그리하여 스스로 우물 안 개구리가 되지 말 것을 李碩祖에게 권한다. 이에 더해 13~14구에서는, 유람의 아름다운 약속을 지키지 못한다면 유람 후에 승경을 유람한 사람들의 자랑을 어찌 견딜 것이냐고 걱정과 일종의 경고를 늘어놓았다. 어떻게 해서든 李碩祖에게 속리산 유람의 동기를 부여하고 재촉하여 처음의 약속을 함께 지켜내고자 하는 열정과 우정이 시를 통해서도 고스란히 드러난다.[46]

| 험한 고개 몇을 넘어 | 崎嶇踐數嶺 |
| 피곤한 채 누각에 오른다. | 微倦忽登樓 |

---

46. 그러나 李碩祖가 끝내 유람에 함께 하지 못하였음을 다음 시를 통해 알 수 있다. 李碩祖, 「元韻」, "君輩尋幽富得奇, 多魔我事捻堪噫, 重遊勝地夫何急, 新上藏臺愧負期". 이 시는 필사본에만 있다.

나그네의 뜻은 읊조리는 가운데 다하고	客意吟中歇
산빛은 난간 밖에 떠있네.	嵐光檻外浮
산수에서 흐트러진 머리카락 건져야지	泉巖堪散髮
속세의 번외를 어찌할까.	塵土奈搔頭
내일 구름 낀 산속에서	明日雲山裏
진정 방랑의 유람을 이루려네.	眞成放浪遊[47]

柳希齡은 피령과 차의현을 넘어 보은 관아에 도착하여 三山樓에 올랐다. 首聯과 領聯에서는 다소 피곤한 모습으로 삼산루에 올라 현판 위의 시에 차운하는 가운데 나그네의 회포를 풀어내는 모습을 보여주었다. 頸聯에서는 '泉巖'과 '塵土'가 대를 이루고 있다. 보은과 속리산은 일찍이 '仙區'로 지정되고 알려진 곳이다. 金光의 동생 金淨(1486~1521)은 보은 聲足里 출신으로 일찍이 「三山歌」를 통해 그가 살고있는 보은 땅을 신선들이 사는 곳이라 정하고, 그곳에 사는 자신을 곧 신선이라 생각하는 擬仙意識을 보여주었는데,[48] 柳希齡 또한 속리산이 있는 보은이 仙界와 같은 곳이라면 자신이 사는 文義는 俗世라는 구분을 위 시를 통해 보여주었다. 그리하여 尾聯에서는, 내일 구름 낀 속리산에서 진정 자유로운 방랑의 유람을 이룰 것이라는 기대와 설렘을 드러내었다. 그 기대의 성취 여

---

47. 柳希齡, 「遊俗離山錄」, 「三山樓次板上韻」.
48. 앞의 拙稿(2012), p.38.

부는 다음 文藏臺를 읊은 시에서 확인할 수 있다.

푸른 산 정상을 밟고 뭉게구름에 기대니	踏穿寒翠靠層雲
이 몸은 바람 타고 티끌 기운 벗어났네.	身馭冷風出垢氣
속을 시원히 헤치니 질펀하게 솟은 땀 사라져	披豁便迸遊汗漫
淸都 가까운 곳에서 나의 진짜 주인을 부르네.	淸都咫尺喚眞君[49]

자칫 발을 헛디디면 생명을 보존하기 어려운 위험천만한 나무다리를 건너 간신히 문장대에 오른 후의 감회가 남달랐을 것이다. 1, 2구에서, 속리산 문장대에 올라 비로소 離俗의 공간에서 맛보는 暢神의 순간을 온전히 드러내었다. 속리산, 특히 하얀 바위 덩어리가 포개져 이루어진 문장대에 오른 사람들의 一聲은 대개 '俗氣가 없다'는 것이다. 柳希齡 역시 2구에서 '티끌 기운 벗어났다[出垢氣]'는 한 마디로 그 감동을 전하였다. 나아가 4구에서, 淸都가 지척인 문장대에서 나의 진짜 주인을 부른다고 하였다. 문장대 위 하늘이 바로 異人들이 신선이 되어 모인다는 淸都라는 말이고, 청도를 향해 자신의 진짜 주인을 부른다는 것은, 오랜 세월 속리산 자락에 깃들어 살며 자신을 '골짜기 속 신선[洞中仙]'이라 하였던 成運(1497~1579)처럼[50], 시인 역시 자신이 마치 신선인 듯한 擬

---

49. 柳希齡, 「遊俗離山錄」, 「文藏臺」.
50. 앞의 拙稿(2012), p.42.

仙의 기분에 사로잡힌 모습을 보여준다고 하겠다.

定力으로 분잡한 세상일 물리고	定力謝囂紛
향을 피워 저녁 향불 대하네.	焚香對夕薰
정신이 본래 속세를 벗어나니	精神元脫俗
얼굴이 여럿 가운데 뛰어나다네.	眉目更超群
담담히 마음은 물과 같고	淡淡心如水
표표히 자취는 구름과 같구나.	飄飄跡似雲
소나무 문이 맑게 달빛을 가두니	松門淸鎖月
세상일 들리지 않네.	世事不曾聞[51]

性印 스님의 두루마리 시에 차운하여 준 것이다. 柳希齡은 유람 도중 만난 스님들과의 교유의 현장을 빼놓지 않고 적었다. 위 시는 4월 18일 복천사 선당에서 잘 때 거기서 만난 성인 스님에게 준 것이다. 앞서 유산기에서 살펴본바, 성인 스님은 눈썹과 눈이 맑고 순수하고 정신이 깨끗하여 가히 이야기할만하다고 하였다. 수련에서는 스님이 마음을 한 곳에 쏟는 힘으로 분잡한 세상일을 물리치고 저녁 향불을 대하고 있음을, 함련에서는 속세를 벗어난 정신을 지녔고 얼굴이 여럿 가운데 뛰어남을 말하였다. 경련에서는 물과 같은 담담한 마음과 구름과 같은 표표한 자취를 지닌 스님의 모습을, 미련에

---

51. 柳希齡,「遊俗離山錄」,「次性印卷子詩韻贈之」.

서는 늘 맑은 달빛을 대하며 세사에 귀를 닫고 사는 모습을 그렸다. 이렇듯 스님과의 詩交를 통해 시인 자신 世事를 멀리한 脫俗의 세계를 구현하였다.

길은 구름 덮인 산으로 들고	路入雲山中
절은 안개 낀 넝쿨 위에 있네.	寺在烟蘿上
골짜기는 깊고 그윽하고	嵌谷深窈窱
천석은 마음에 흡족하다네.	泉石愜心賞
미풍은 시원하게 불어오고	微風颯爾至
관솔불에 기운 서늘하구나.	松火氣蕭爽
그윽한 꽃은 바위에 붉게 피고	幽華發巖紅
희미한 경쇠 소리 냇물 소리에 울려 나오네.	殘磬出谿響
맑은 인품을 배우며 담백한 마음으로	冲襟學淸機
속세를 떠나 의탁하여 마음껏 즐긴다.	嘯傲託長往
이제부터 세상 속박 이별하고	從玆謝塵累
바라건대 산수 생각 이루고 싶네.	庶遂煙霞想[52]

1~8구까지는 福泉寺 주변 풍광과 복천사의 모습을 그렸고, 9~12구까지는 복천사에서 느끼는 시인의 마음 상태를 노래하였다. 복천사에서 만난 스님들의 맑은 인품을 배우며 담백해진 마음으로 속세를 떠나 의탁하여 마음껏 즐긴다는 것이

---

52. 柳希齡, 「遊俗離山錄」, 「福泉寺」.

그것이다. 그리하여 애초 遊山의 동기였던 세상사 得失과 出處行藏에 대한 생각을 담담하게 하여 끝없는 정신적 자유를 맛보는 것이다. 여기서 한 걸음 나아가 아예 세상 속박과 이별하여 산수에 깃들고 싶다고 하였다. 이처럼 柳希齡은 암자를 방문하여 스님과의 만남을 통해 塵累를 벗어나 煙霞의 세계를 꿈꾸었다. 선비들이 산사를 찾아 독서하는 것은 매우 흔한 일이고, 柳希齡 역시 청주의 化林寺와 石巖寺에 머물며 공부하였다. 그러나 그곳이 과거를 준비하기 위한 곳이었다면, 속리산 유람에서 들른 복천사는 그런 속박을 아예 벗어던지고 오로지 산수에 대한 생각만으로 幽居로 정하고 싶은 곳이라는 점에서 다르다고 하겠다.

이상 유산시를 통해 본 속리산은 三淸洞·淸都 등 신선들이 사는 仙界로 상징된다. 그리하여 속리산은 한번 유람하는 것만으로도 세속의 번뇌를 씻고 청정한 마음을 간직하기에 더할 수 없이 좋은 산이며, 특히 문장대는 온전히 티끌 기운을 벗어나 擬仙의 기분에 사로잡혀 자유로운 방랑의 유람을 이룰 수 있는 곳이다. 또한 속리산은 수많은 암자를 탐방하며 스님과의 詩交를 통해 世事를 잊고 煙霞·脫俗의 세계에서 노닐 수 있는 곳이며, 세상사 得失과 出處에 대한 생각을 담담하게 하여 끝없는 정신적 자유를 맛볼 수 있는 곳이다.

4. 맺음말

柳希齡은 조선전기의 문인으로 청주 文義에서 나고 자랐다. 견문이 넓고 도학이 고명하였으며 일찍이 시문학에 심취하였다. 그리하여 오랜 세월 시문학에 대한 열정과 功力을 한국과 중국의 漢詩文選集을 편찬하여 간행하는 일에 쏟았다. 또한 그의 詩文에 대한 탁월한 재능은 평소 활발한 창작과 속리산 유람에서 보여준 詩文의 꼼꼼한 기록과 편찬 활동으로 드러났다.

「遊俗離山錄」은 필자가 현재까지 확인한 俗離山遊記 중 가장 이른 시기의 작품이며, 하나의 책으로 간행한 바 있는 것으로, 유포를 통해 많은 독자층을 형성하여 두고두고 속리산 유람의 지침이 되고, 조선후기 속리산유기의 창작에 영향을 미쳤다. 이 작품은 1511년 4월 17일부터 21일까지 4박 5일의 속리산 유람에 대한 이야기로, 서문에 이어 유람의 준비·실행·총평 등 3단계의 서술 방식을 취하였다. 본격적인 유람의 실행에서는, 산행 날짜와 날씨를 적은 후 산행 중 보고 듣고 경험한 것을 매우 소상히 기록하였는데, 遊山記 사이사이 遊山詩를 삽입하여 전체적으로 산문과 시가 어우러진 구성을 보인다. 그리하여 유람의 내용을 좀 더 풍부하고 생동감 있게 만든 것이 柳希齡 속리산유산록의 특징이다.

이중 遊山記는 노정에 따라 보고 들은 것과 유람 과정에서 만난 사람들의 이야기를 매우 구체적으로 기술하였다. 특히 여러 암자를 탐방하며 얻은 많은 정보를 빼놓지 않고 기록하는 답사가의 면모를 보여주었다. 그리하여 이 유산기는 속리산을 오르며 암자를 방문하려는 이들에게 매우 유익한 안내서이자 답사기이다. 다소 장황할 수 있으나 사실에 기초한 기록으로 이곳을 찾는 이들에게 하나의 지침이 된다는 점이 柳希齡 속리산 유산기의 자료적 가치이다.

한편 24수의 遊山詩는 유람의 흥취와 현장감을 더한다. 柳希齡의 유산시를 통해 본 속리산은 仙界로 상징된다. 그리하여 속리산은 한번 유람하는 것만으로도 세속의 번뇌를 씻고 청정한 마음을 간직하기에 더할 수 없이 좋은 산이며, 擬仙의 기분에 사로잡혀 진정 자유로운 방랑의 유람을 이룰 수 있는 곳이다. 또한 속리산은 수많은 암자를 탐방하며 스님과의 詩交를 통해 脫俗의 세계에서 노닐며 세상사 得失에 대한 생각을 담담하게 하여 끝없는 정신적 자유를 얻을 수 있는 곳이다.

參考文獻

1. 資料

金昌翕,『三淵集』, 한국고전번역원 한국문집총간 영인본.

南夢賚,『伊溪集』, 한국고전번역원 한국문집총간 영인본.

柳文通·柳仁貴·柳仁淑·柳希齡,『四翰林集』, 晉州柳氏文貞公派世譜 영인본.

_____,『四翰林集』, 晉州柳氏文獻總輯 영인본.

柳興龍,『塾翁遺稿』, 국립중앙도서관 소장본.

宋相琦,『玉吾齋集』, 한국고전번역원 한국문집총간 영인본.

吳再挺,『寒泉堂遺稿』, 국립중앙도서관 소장본.

李萬敷,『息山集』, 한국고전번역원 한국문집총간 영인본.

李夏坤,『頭陀草』, 한국고전번역원 한국문집총간 영인본.

鄭行錫,『芳谷集』, 한국학중앙연구원 소장본.

『俗離山大法住寺』, 법주사 소장.

『晉州柳氏世譜』.

『光山金氏直提學公派譜』.

『丹陽禹氏靖平文肅公派世譜』.

『新增東國輿地勝覽』.

2. 論著

김미란(2019),「조선후기 속리산 유산기에 나타난 유람의 양상과 의미」,〈한국문학과 예술〉29, 숭실대학교 한국문학과예술연구소, p.137.

김용남(2005), 「조선후기 俗離山遊記에 나타난 산수관」, 〈개신어문연구〉 23집, 개신어문학회.

_____(2009), 「이상수의 俗離山遊記에 드러나는 議論의 강화와 그 특징」, 〈고전문학과 교육〉 제17집, 한국고전문학교육학회, p.41.

_____(2009), 『옛 선비들의 속리산기행』, 국학자료원.

_____(2012), 「속리산 遊山詩에 나타난 속리산의 공간 인식」, 〈한국사상과 문화〉 제61집, 한국사상문화학회, p.38, p.42.

황위주(1995), 「夢菴 柳希齡의 漢詩選集 編纂」, 〈한국한문학연구〉 19, 한국한문학회, pp.253~255.

유 속 리 산 록 遊俗離山錄

초판 1쇄 인쇄일	2025년 10월 27일
초판 1쇄 발행일	2025년 10월 31일
저자	유희령
역자	김용남
펴낸이	한선희
편집/디자인	이보은 박재원 안솔비 근지은
마케팅	정찬용 정진이
영업관리	한선희 정구형
책임편집	이보은
펴낸곳	국학자료원 새미(주)
등록일	2005 03 15 제 395-3240000251002005000008 호
	경기도 고양시 덕양구 권율대로 656 원흥동 클래시아 더 퍼스트 1519, 1520호
	Tel 02)442-4623 Fax 02)6499-3082
	www.kookhak.co.kr
	kookhak2010@hanmail.net
ISBN	979-11-6797-263-7 *93810
가격	12,000원

* 역자와의 협의하에 인지는 생략합니다.
  국학자료원 · 새미 · 북치는마을 · LIE는 국학자료원 새미(주)의 브랜드입니다.
* 이 책 내용의 전부 또는 일부를 재사용하려면 반드시 저작권자의 동의를 받아야 합니다.
* Copyright ⓒ 김용남. All rights reserved.